DK GUÍAS VISUALES

TOP 10
CANCÚN Y YUCATÁN

NICK RIDER

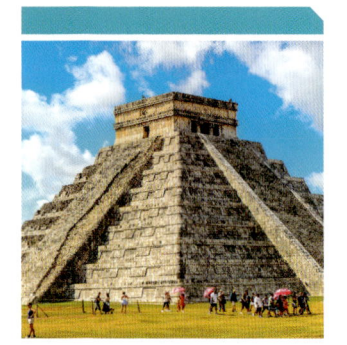

Top 10 Cancún y Yucatán

Bienvenido a Cancún
  y Yucatán 5
Explorar Cancún
  y Yucatán 6
Lo esencial de Cancún
  y Yucatán 10
Cancún 12
Cozumel 14
Playa del Carmen 16
Isla Mujeres 20
Tulum 22
Reserva de la Biosfera
  Sian Ka'an 26
Chichén Itzá 28
Mérida 32
Uxmal 34
Campeche 38

Lo mejor de Cancún y Yucatán

Hitos históricos 42
Ruinas mayas 44
Ciudades coloniales 46
Iglesias 48
Playas 50
Arrecifes 52
Reservas naturales 54
Parques ecológicos
  y temáticos 56
Cenotes y cuevas 58
Rutas menos frecuentadas .. 60
Deportes y actividades 62
Atracciones para niños 64
Vida nocturna 66
Platos de Yucatán 68
Dónde comer 70
Cancún y Yucatán gratis ... 72
Festivales 74

CONTENIDOS

Recorridos por Cancún y Yucatán

Cancún y el norte..........................**78**
Cozumel y el sur............................**90**
Centro de Yucatán......................**100**
Oeste de Yucatán **108**

Datos útiles

Cómo llegar y moverse **118**
Información práctica..................**120**
Dónde alojarse **126**

Índice general..............................**134**
Agradecimientos.........................**141**

Las listas Top 10 de esta guía no siguen un orden jerárquico en cuanto a calidad o popularidad. Cualquiera de las 10 opciones, a juicio del editor, tiene el mismo mérito.

Cubierta y lomo *La playa de Caracol, en Quintana Roo, Península de Yucatán*
Contraportada *El espectacular Castillo de Kukulcán, Chichén Itzá*
Portadilla *Colorido calendario maya, Playa del Carmen*

Toda la información de esta Guía Visual Top 10 se comprueba regularmente. Se han hecho todos los esfuerzos para que esta guía esté lo más actualizada posible a fecha de su edición. Sin embargo, algunos datos, como números de teléfono, horarios, precios e información práctica, pueden sufrir cambios. La editorial no se hace responsable de las consecuencias que se deriven del uso de este libro, ni de cualquier material que aparezca en los sitios web de terceros, además no puede garantizar que todos los sitios web de esta guía contengan información de viajes fiable. Valoramos mucho las opiniones y sugerencias de nuestros lectores. Por favor escriba a: Publisher, DK Eyewitness Travel Guides, Dorling Kindersley, 80 Strand, London, WC2R 0RL, UK, o al correo electrónico: travelguides@dk.com

Bienvenido a
Cancún y Yucatán

Playas espectaculares y épicas ruinas mayas. Encantadoras ciudades coloniales y arrecifes prístinos. Islas tropicales y reservas naturales ricas en vida salvaje. Deliciosa cocina y vida nocturna vibrante. Cualquiera que sea su gusto, esta región tiene algo para todo el mundo. Con la guía Top 10 Cancún y Yucatán ya puede comenzar a explorar.

La península de Yucatán, situada entre el mar Caribe y el Golfo de México, es el destino turístico más popular del país. Su punto central es **Cancún**, un enorme centro vacacional con un deslumbrante despliegue de hoteles, restaurantes, clubes, tiendas y actividades. Al sur de Cancún, la Riviera Maya se extiende desde el apacible **Puerto Morelos** a la moderna **Playa del Carmen** y hasta **Tulum**, como una postal, con sus playas rodeadas de palmeras sobre las que se levantan templos mayas por encima de los acantilados. Más allá se encuentra el paraíso natural de **Sian Ka'an** y la isla de **Cozumel**, paraíso del submarinismo.

En el interior se encuentran algunos de los emplazamientos arqueológicos más famosos del mundo, especialmente las espectaculares ruinas mayas de **Chichén Itzá** y **Uxmal**. La región también es rica en historia colonial española: **Mérida**, una de las ciudades de México con mayor encanto, está llena de mansiones de estilo morisco, patios sombreados por palmeras, plazas con columnas e iglesias encaladas.

Tanto si su visita es por un fin de semana, como de una semana, nuestra guía Top 10 está diseñada para unir lo mejor que puede ofrecer una región, desde **Isla Mujeres**, escondida en el Caribe, hasta la ciudad histórica amurallada de **Campeche** en el Golfo de México. Encontrará consejos para todo, desde lo que es gratuito a cómo evitar las aglomeraciones, y además seis itinerarios fáciles de seguir diseñados para visitar una serie de lugares en un corto espacio de tiempo. Si a esto se añaden unas fotografías inspiradoras y mapas de fácil uso, ya tiene un compañero de viaje esencial en tamaño bolsillo. **Disfrute de la guía y disfrute de Cancún y Yucatán.**

En el sentido de las agujas del reloj desde arriba: playa de Isla Mujeres, Museo Subacuático de Arte de Cancún, edificios de Campeche con colores brillantes, gran pirámide de Chichén Itzá, pez ángel en la Reserva de la Biosfera de Sian Ka'an, playa de Playa del Carmen, puesto callejero con cerámica tradicional mexicana

Explorar Cancún y Yucatán

Esta región tan diversa ofrece una fabulosa variedad de atractivos, y puede ser un reto decidir dónde ir y qué hacer. Por más larga que sea su estancia, querrá aprovechar su tiempo al máximo, y estos dos itinerarios de turismo le ayudarán a exprimir al máximo su visita a Cancún y Yucatán.

Playa del Carmen y sus calles coloridas es uno de sus muchos atractivos.

La playa de Tulum es observada por el espectacular templo pirámide maya.

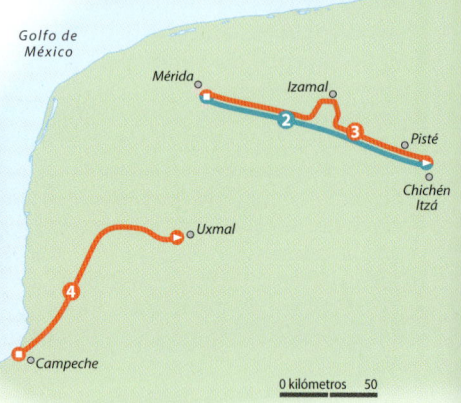

Dos días en Cancún y Yucatán

Día ❶
MAÑANA
Comience el día en la playa de **Cancún** (ver pp. 12-13), y después visite el **Museo Subacuático de Arte** (ver p. 12) o el **Museo Maya** (ver p. 12). Más tarde cene marisco en **La Habichuela** (ver p. 87).

TARDE
Diríjase a la costa de **Playa del Carmen** (ver pp. 16-17) para dar un paseo por Quinta Avenida y después ir a visitar el parque ecológico **Xcaret** (ver pp. 18-19) o relájese en un club de playa como **Mamita's** (ver p. 86). O vaya más tarde hacia el sur, a **Tulum** (ver pp. 22-23), donde podrá explorar los **restos maya** (ver p. 91) y después ir a cenar al **Hechizo** (ver p. 99).

Día ❷
MAÑANA
Levántese temprano para evitar las aglomeraciones en el templo maya de **Chichen Itzá** (ver pp. 28-31), donde podrá explorar el Castillo de Kukulcán, el Gran Juego de Pelota y el Templo de los Guerreros.

TARDE
Conduzca hasta **Mérida** (ver pp. 22-23) y coma en **El Marlín Azul** (ver p. 115). Pase el resto de la tarde explorando el centro histórico, y después aproveche la tarde con las entretenciones gratuitas de la ciudad (ver p. 72).

Cuatro días en Cancún y Yucatán

Día ❶
MAÑANA
Comience en **Cancún** (ver pp. 12-13), vaya a la playa y dese el gusto de una

Explorar Cancún y Yucatán » 7

Chichén Itzá, uno de los complejos mayas más magníficos está dominado por la pirámide escalonada conocida como el Castillo de Kukulcán.

Simbología
- Recorrido de dos días
- Recorrido de cuatro días

terapia de compras, busque alrededor del **Museo Maya** (ver p. 12) o visite el **Museo Subacuático de Arte** (ver p. 12).
TARDE
Después de comer tome el ferri a **Isla Mujeres** (ver pp. 20-21) o vuele a **Cozumel** (ver pp. 14-15). Ambas islas son excelentes para el buceo.

Día ❷
MAÑANA
Regrese en el ferri y diríjase hacia el sur por la costa hasta **Playa del Carmen** (ver pp. 16-17).
TARDE
Después de comer visite el parque ecológico **Xcaret** (ver pp. 18-19) y comience la noche en **Diablito Cha Cha Cha** en la playa (ver p. 86). Alternativamente siga hacia el sur hasta **Tulum** (ver pp. 22-23) donde puede visitar las **ruinas mayas** (ver p. 91). Después comer vaya a la **Reserva de la Biosfera Sian Ka'an** (ver pp. 26-27). Haga una visita guiada para ver lo esencial antes de regresar a Tulum.

Día ❸
MAÑANA
Levántese temprano para ir dos horas en coche o desde Playa o Tulum hasta **Chichén Itzá** (ver pp. 28-31). Coma en Pisté en **Las Mestizas** (ver p. 107).
TARDE
Diríjase al oeste hasta **Mérida** (ver pp. 32-33), y pare por el camino en los talleres artesanales de **Izamal** (ver p. 105). Pase el resto del día explorando el centro histórico de Mérida, y después cene en **La Chaya Maya** (ver p. 115).

Día ❹
MAÑANA
Vaya a los evocadores restos mayas de **Uxmal** (ver pp. 34-37) y después coma en **Hacienda Uxmal** (ver p. 115), que se encuentra justo enfrente de la ruinas.
TARDE
Diríjase a **Campeche** (ver pp. 38-39): explore la antigua ciudad amurallada, pasee por el Malecón al atardecer y después cene en **La Pigua** (ver p. 115).

Las murallas de Campeche guardan una conservada ciudad colonial española

Top 10 Cancún y Yucatán

La magnífica pirámide del Castillo de Kukulcán en Chichén Itzá

Lo esencial de Cancún y Yucatán	**10**
Cancún	**12**
Cozumel	**14**
Playa del Carmen	**16**
Isla Mujeres	**20**
Tulum	**22**
Reserva de la Biosfera Sian Ka'an	**26**
Chichén Itzá	**28**
Mérida	**32**
Uxmal	**34**
Campeche	**38**

TOP 10 Lo esencial de Cancún y Yucatán

La península de Yucatán tiene una enorme variedad de atractivos. Entre otros algunas de las mejores playas y zonas de buceo del mundo, encantadoras antiguas ciudades coloniales españolas e inspiradoras ruinas de civilizaciones del pasado.

1 Cancún
El área vacacional más grande de México tiene 23 km de playas de arena blanca, lujosos hoteles, todo tipo de restaurantes y atracciones, desde parques acuáticos a grandes discotecas (ver pp. 12-13).

2 Cozumel
La favorita de los buceadores, con más de 20 arrecifes de coral en los que pueden disfrutar tanto los novatos como los más expertos (ver pp. 14-15).

3 Playa del Carmen
Más pequeño que Cancún, es el lugar más de moda de la Riviera, con magníficas oportunidades para bucear con tubo o botella y una vida nocturna siempre animada (ver pp. 16-19).

4 Isla Mujeres
Una tranquila isla del Caribe con un ambiente muy agradable. Está rodeada por ricos arrecifes en los que bucear (ver pp. 20-21).

5 Tulum
Una de las ruinas mayas más impresionantes asoma desde un risco sobre las playas salpicadas de palmeras y hoteles tipo cabaña (ver pp. 22-23).

Lo esencial de Cancún y Yucatán « 11

6 Reserva de la Biosfera Sian Ka'an

Esta reserva, cubierta por lagos, arrecifes, una laguna, manglares y bosque, es el hogar de jaguares, monos y plantas autóctonas *(ver pp. 26-27)*.

7 Chichén Itzá

Las pirámides de Chichén, la más impresionante de las ciudades mayas, se alzan sobre plazas en una estudiada alineación respecto a los movimientos del sol y las estrellas *(ver pp. 28-31)*.

8 Mérida

Sus encantadoras plazas, frescos patios, fachadas enlucidas y magníficos mercados la convierten en una de las más hermosas ciudades coloniales de México *(ver pp. 32-33)*.

9 Uxmal

Las pirámides, palacios y zócalos de esta impresionante ciudad en ruinas tienen una elegancia y belleza especial, siendo consideradas por muchos como la cumbre de arquitectura maya *(ver pp. 34-37)*.

10 Campeche

Esta ciudad es una bella superviviente de la época colonial española. Acoge una antigua sección rodeada de murallas y bastiones, y un impresionante museo de restos mayas situado en una vieja fortaleza *(ver pp. 38-39)*.

Cancún

Cancún, que comenzó a desarrollarse turísticamente a partir de 1970, es el área vacacional más grande del Caribe. Su Zona Hotelera, también llamada Isla Cancún, ocupa una enorme y estrecha franja de arena en forma de 7. Tierra adentro se encuentra Cancún, el centro urbano. A lo largo del bulevar Kukulcán se sitúan los hoteles, comercios y restaurantes, incluyendo algunos excelentes museos y las evocadoras ruinas mayas.

1 La playa
El mayor tesoro de Cancún es su fina arena silícea blanca (derecha), suave y siempre fresca pese al calor del sol. La zona cuenta con varios accesos públicos desde el bulevar Kukulcán. El tramo norte del 7 es el mejor para nadar; en las playas del este el oleaje es más fuerte.

3 Avenida Tulum y centro urbano
El núcleo de la genuina Ciudad Cancún es la arbolada avenida Tulum. Es un buen lugar por el que pasear y comprar recuerdos; sus cafés y restaurantes son más tranquilos que los de la playa.

5 Museo Maya
El moderno edificio que alberga este hermoso museo dedicado a la antigua civilización maya se encuentra muy cerca de los restos arqueológicos de San Miguelito.

2 Áreas comerciales
En Cancún se puede encontrar de todo, desde moda internacional en los lujosos centros comerciales (arriba) de la Zona Hotelera a recuerdos típicos mexicanos en los mercados del centro urbano.

4 Museo Subacuático de Arte
Más de 500 esculturas (abajo) creadas por el británico Jason deCaires se pueden ver buceando con botellas, snorkel o en un barco con el fondo transparente.

Cancún « 13

⑦ Ruinas de El Rey

Estas ruinas *(izquierda)* formaban parte de una ciudad de gran importancia en los últimos siglos de la civilización maya, justo antes de la conquista española. Junto a las ruinas se levanta una reproducción de un viejo pueblo maya que recrea la vida de sus antiguos pobladores, incluyendo su comida tradicional.

UN COMPLEJO EN EXPANSIÓN

El primer hotel de la isla, Dreams, en el extremo de Punta Cancún, abrió el camino a la turística Cancún en 1971. El resto del 7 se encontraba ocupado por árboles, dunas y unas pocas casas y hostales de pescadores. Desde entonces Cancún ha crecido hasta las más de 32.000 plazas hoteleras.

---

⑨ Laguna Nichupté

Esta laguna rodeada por Isla Cancún ofrece más tranquilidad que el mar abierto y es el lugar favorito para practicar los deportes acuáticos. Al oeste hay manglares y jungla.

Plano de Cancún

⑥ Wet'n Wild

Este inmenso parque temático ofrece toboganes de todo tipo, una piscina para bucear con tubo con inofensivos tiburones y otra en la que jugar con los delfines e incluso salto límite *(ver p. 64)*.

⑧ Ruinas de El Meco

Situada cerca de los muelles, la ciudad en ruinas de El Meco data del año 300 d.C. Aún pueden verse una pirámide y los restos de un palacio maya.

INFORMACIÓN ÚTIL

MAPA H2 y R2-S2

Quioscos de información turística: en el ayuntamiento (998) 881 9000; www.cancun.travel

Ruinas de El Rey: 8.00-17.00 todos los días; entrada: 4 $

Ruinas de El Meco: 8.00-17.00 todos los días; entrada: 4 $

Museo Maya: Blvd. Kukulcán; km 16,5; (998) 885 3842; **Horario:** 9.00-18.00 ma-do; entrada: 6 $

Museo Subacuático de Arte: Blvd. Kukulcán, km 15,3; (998) 848 8312; **Horario:** 9.00-17.00 todos los días; precio entradas variable

■ Los autobuses R-1, R-2, R-15 van desde Avenida Tulum a la Zona de Hoteles (24 horas)

■ Pruebe los restaurantes en Mercado 28 (Centro).

⑩ La noche de Cancún

Aunque la animada noche de Cancún se concentra en el centro, se extiende por toda la ruta que va hasta Ciudad Cancún. Sus clubes, que varían de lo tradicional a lo moderno, disfrutan de un permanente ambiente de fiesta.

Cozumel

La isla de Cozumel fue la primera zona de Yucatán descubierta por los viajeros modernos, cuando, en la década de 1950, la visitó el oceanógrafo Jacques Cousteau. Con uno de los más grandes arrecifes de coral del mundo, Cozumel fue definida por Cousteau como una de las mejores zonas del mundo para bucear con tubo. El arrecife de coral cercano a la costa está repleto de vida y colores. Tierra adentro, Cozumel disfruta de un ambiente relajado, ideal para viajar en familia.

1 Laguna Chankanaab
Este parque (abajo), una laguna coralina natural, incluye un jardín botánico, una piscina con delfines, una playa y arrecifes ideales para los principiantes del buceo.

4 San Miguel
La única ciudad de Cozumel disfruta de un ambiente tranquilo, centrado en el malecón y en la plaza Cozumel (derecha). Aquí se encuentra el terminal de cruceros Punta Langosta (ver p. 96).

2 Hotelera Zona North Beach
El complejo hotelero de lujo más grande de la isla se dispone a lo largo de un bulevar arbolado al norte de la ciudad. Hoteles y complejos vacacionales se levantan junto a tranquilas playas. Desde la mayoría de las habitaciones se disfruta de hermosas vistas de la península de Yucatán, al otro lado del canal.

3 Playa Mia y Playa San Francisco
Dos de las mejores playas de Cozumel cuentan con todo tipo de instalaciones para los amantes de los deportes acuáticos.

5 Punta Santa Cecilia y Chen Río
La fachada este de la isla es más escarpada y ventosa que la oeste, con playas rocosas desiertas y un fuerte oleaje que puede resultar peligroso para nadar. En Punta Santa Cecilia hay un solitario bar de playa, Mezcalito's, con unas hermosas vistas, mientras que Chen Río disfruta de una playa protegida y un idílico restaurante junto a la playa.

Mapa de Cozumel

6 Museo de Cozumel
El encantador museo, en San Miguel, junto al mar, ilustra la historia maya de la isla, la llegada de los españoles y el declive de los piratas. Cuenta con un agradable café en el ático (ver p. 98).

⑦ Arrecife Paraíso

Es el arrecife favorito para el buceo con tubo, cursos de iniciación al submarinismo e inmersiones sencillas de día y de noche. Se pueden ver los pez payaso fácilmente *(derecha)*.

⑧ Arrecife Palancar

Es el más famoso de los arrecifes de Cozumel, con fabulosos cañones y calas de coral azul y rojo intenso. Sus aguas están repletas de fauna, que incluye el pez ángel *(ver p. 53)*.

⑨ Ruinas de San Gervasio

La capital maya de Cozumel fue una de las ciudades más importantes en el ámbito religioso y comercial del Yucatán anterior a la conquista. Sus pirámides y pequeños palacios ilustran la vida maya.

⑩ Parque Punta Sur Eco Beach

Esta reserva natural engloba diferentes áreas *(izquierda)*: playas en las que anidan las tortugas, enormes lagunas y manglares con cocodrilos y flamencos y una zona para bucear con tubo. También hay un faro y un pequeño templo maya.

COZUMEL MAYA

Cozumel, santuario dedicado a Ixchel, fue uno de los centros de peregrinación más importantes de Yucatán en los siglos anteriores a la conquista española *(ver p. 42)*. Aunque su visita era especialmente importante para las mujeres sin hijos, todos los habitantes de Yucatán intentaban el peregrinaje al menos una vez en la vida.

INFORMACIÓN ÚTIL

MAPA H3-4 y R5-6

Información turística:
(987) 869 0212;
www.cozumel.travel

Parque Chankanaab:
8.00-16.00 lu-sá; entrada: 21 $; descuentos a menores de 12 años; suplemento por equipo de buceo

Ruinas de San Gervasio:
8.00-16.30 todos los días; entrada: 9 $, menores de 10 años, gratis

Parque Punta Sur Eco Beach: 9.00-16.00 lu-sá; entrada: 14 $; menores de 6 años, gratis

Museo de Cozumel: 9.00-16.00 lu-sá; entrada: 4 $, menores de 8 años, gratis

Cozumel Parks:
(987) 872 0833;
www.cozumelparks.com

■ Las aguas de Cozumel son tan cristalinas y algunos arrecifes están tan cerca de la superficie que se pueden contemplar buceando con tubo.

■ Algunos de los lugares más animados para comer en la isla se encuentran a lo largo de la costa este de Cozumel.

Playa del Carmen

Constituye la mejor opción de la Riviera Maya para aquellos que prefieran un ambiente de pueblo costero. Esta pequeña localidad pesquera fue destino de mochileros durante la década de 1990, y, en la actualidad, se ha convertido en una ciudad alegre con una animada playa y vida nocturna.

1 Quinta Avenida

Se extiende hacia el norte desde la plaza Mayor, es el principal destino de compras durante el día y de paseo por la noche. La Quinta Avenida está jalonada por todo tipo de tiendas, cafés, hoteles, clubes y restaurantes.

3 Playa Chunzubul

Los mejores centros de buceo con tubo de la zona se encuentran en las playas del norte de Mamitas, pasando las cabañas de Mahekal Beach Resort. A lo largo de este tramo también hay playas nudistas.

5 Playa de la ciudad

Durante el día el centro de la actividad se encuentra en la playa de la ciudad *(abajo)*, flanqueada por multitud de cafés, y con la más hermosa y suave arena blanca de Yucatán.

2 Playacar

Este complejo cuidadosamente proyectado *(abajo)* muestra otra faceta de Playa del Carmen. Reúne complejos hoteleros, serpenteantes caminos con lujosas casas, un magnífico aviario, ruinas mayas, clubes de playa, restaurantes y un campo de golf de competición *(ver p. 62)*.

4 Canibal Royal y Mamita's Beach Club

Dos de los mejores clubes, con bares y restaurantes, tumbonas y sillas de playa en alquiler, y además música en directo y DJs. Los huéspedes de los hoteles cercanos pueden usar sus instalaciones gratis.

Plano de Playa del Carmen

Playa del Carmen « **17**

THE BEACH BAR LEAGUE

El Blue Parrot *(ver p. 66)*, desde que se abrió en 1984 cuando Playa no era más que una aldea rodeada de palmeras, indiscutiblemente ha sido el centro de la diversión local, y sigue siendo el lugar donde ir de fiesta. Cada semana hay fiestas de la espuma o de la pintura fosforescente. Asegúrese de llevar su bañador.

⑧ Vida nocturna

Al ponerse el sol la Quinta Avenida se convierte en punto de encuentro para salir a cenar y tomar unas copas. Su enorme variedad ofrece desde bares con mariachis *(arriba)* a locales con pinchadiscos. El centro de la actividad se sitúa en el cruce de la Quinta Avenida con calle 12.

⑨ Aviario Xaman-Ha

El aviario de Playacar alberga una magnífica colección de tortugas, loros, flamencos y más de 60 especies de aves en un exuberante entorno vegetal que parece una auténtica jungla. Permite ver algunos de los originales pájaros de Yucatán sin tener que adentrarse en la selva.

⑥ Xcaret

Parque ecológico repleto de flora, fauna y vida marina, situado alrededor de una laguna natural a 6 km al sur de Playa del Carmen *(ver pp. 18-19)*.

⑦ Hoteles de moda

Playa del Carmen es famosa por sus pequeños hoteles elegantes, como El Faro y Deseo *(ver p. 86)*. Espectaculares pero discretos son la imagen de la elegancia.

⑩ Ruinas mayas de Xaman-Ha

Playa comparte territorio con el antiguo asentamiento maya conocido como Xaman-Ha *(abajo)*. Se conservan varios templos, la mayoría distribuidos por la zona de Playacar.

INFORMACIÓN ÚTIL
MAPA H3 y Q4

Información turística:
Avda. 20 y 1ª Sur;
(984) 873 0242;
Horario: 9.00-20.30 lu-vi, 9.00-17.00 sá, do;
www.rivieramaya.com,
www.playadelcarmen.com

Xcaret: MAPA G3 y Q4; 8.30-21.30; visitas con guía todos los días desde Cancún y Playa del Mar; entrada: 100-200 $; niños de 5-11, mitad de precio; menores de 5 años, gratis; www.xcaret.com

■ En Playa es caro alquilar o comprar un tubo de buceo.

■ Para una buena comida típica mexicana a precios económicos hay que alejarse de la Quinta Avenida. A lo largo de la calle 4 hay varios restaurantes tranquilos y agradables con marisco económico, como **Las Brisas** *(ver p. 87)*.

Playa del Carmen: Xcaret

Visitantes buceando con tubo en entrada de La Caleta

1 La caleta y la laguna Azul

Son magníficos lugares para disfrutar nadando. La caleta fue el puerto principal maya y ahora es el lugar favorito para bucear con tubo, entre corales y peces tropicales, justo debajo de la superficie. La laguna Azul es una enorme laguna de agua cristalina situada junto a la playa, con unas islas de vegetación exuberante que invitan a explorarlas.

2 Piscinas con delfines

Xcaret tiene dos piscinas junto al mar en las que se puede nadar con delfines. Es una atracción muy popular y tan solo unas pocas personas pueden meterse en las piscinas cada día, por lo que es recomendable reservar con antelación o tan pronto se llegue al parque.

3 Paseo por el mar

Un recorrido guiado por el lecho del mar usando un seguro sistema de pesos para no flotar y un sencillo equipo para respirar. Para disfrutar del paseo, en el que se puede ver todo tipo de vida marina, no es necesario ser un gran nadador.

4 Mariposario

Una de las zonas más espectaculares de Xcaret, el jardín de mariposas más grande del mundo, se encuentra escondido parcialmente por un barranco y bajo una enorme techumbre de red. Repleto de todo tipo de flores y vegetación tropical, el jardín bulle, en especial por las mañanas, con su asombrosa variedad de mariposas de colores.

Aviario Quetzal

5 Aviario y Zoo

Todo el parque está salpicado de animales. Entre los pájaros, todos autóctonos, se encuentran tucanes, aracaris, loros de color verde intenso y el magnífico quetzal, cuyas espectaculares plumas de la cola se empleaban en los tocados de los mayas. Entre los mamíferos se pueden contemplar monos araña, murciélagos y pumas.

6 Piscinas con tortugas

Cerca de la caleta pueden verse diferentes tipos de tortugas marinas como la carey, la boba y la laúd, en

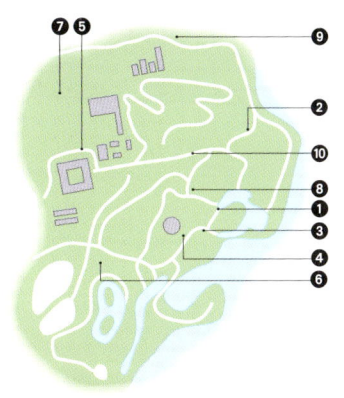

Playa del Carmen « 19

Mapa de Playa del Carmen: Xcaret

8. Recorridos forestales e invernadero de orquídeas

Un sendero bien señalizado permite explorar el resto de las numerosas zonas del parque, que incluye un exuberante bosque tropical, un área con colmenas, reservas de animales, una granja de champiñones y un maravilloso invernadero con más de 100 variedades de orquídeas. También se puede recorrer a caballo un sendero señalizado más largo.

sus distintas etapas vitales, desde las crías hasta las más ancianas, de cara arrugada y hermosos caparazones de más de 1 m de largo. Estas piscinas forman parte de un programa de repoblación para preservar especies en peligro de extinción, y tortugas nacidas aquí se liberan en el mar a los 15 meses.

7. Pueblo maya y juego de pelota

A través de unos pasajes se llega a un pueblo que intenta recrear parte de la vida de los antiguos mayas. Incluye la reconstrucción de un juego de pelota en el que cada tarde se representa un partido de este antiguo deporte (ver p. 31). También hay un atractivo museo a la entrada del parque.

Juego de pelota en el pueblo maya

Buceadores en el río subterráneo

9. Río subterráneo para bucear

Un arroyo serpenteante de agua turquesa permite nadar y bucear con tubo a través del recorrido que atraviesa el parque y el pueblo maya hasta la playa, pasando por cañones rocosos, estanques y cuevas iluminadas por rayos de luz natural.

10. Espectáculo en directo

Cada noche se ofrece una impresionante variedad de representaciones en torno al pueblo y el teatro. Comienza con rituales de los antiguos mayas, interpretaciones de los mariachis o emocionantes números de música y danza folclórica de todo el país y a continuación una charrería, o rodeo mexicano.

Isla Mujeres

Primer punto de desembarco de los españoles en México en 1517, isla Mujeres debe su nombre a las figurillas de la diosa Ixchel encontradas en ella. A pesar de su cercanía a Cancún, tiene un ambiente muy diferente, y desde hace mucho es la preferida de los mochileros; se puede pescar y bucear con tubo.

Coloridos botes atracados en el muelle de la playa de Isla Mujeres

1 Playa Norte
Esta playa *(abajo)* al extremo norte de la ciudad, con tranquilos bares como Buho's *(ver p. 86)* es el lugar elegido por la mayoría de los visitantes de la isla para pasar unos días. Con una limpia arena blanca y aguas turquesa, es ideal para nadar tranquilamente.

2 Cueva de los Tiburones Dormidos
Un río subterráneo desemboca en el mar a través de esta cueva, que atrae a los tiburones, que disfrutan de sus aguas frescas. Muy recomendable para buceadores experimentados.

3 La ciudad
La única localidad de la isla conserva el aspecto de un pueblo de pescadores *(derecha)*, con estrechas calles de arena y casas de madera de colores vivos. Hay multitud de cafés y tiendas de recuerdos y pocos coches.

4 Playa Secreto
Situada al noreste de la ciudad, esta playa ocupa una protegida ensenada aún más tranquila y menos profunda que playa Norte.

5 Cooperativa de mujeres joyeras
Casi 60 mujeres que se ganan la vida haciendo joyería forman esta cooperativa. Son bienvenidos los visitantes.

Isla Mujeres « 21

6 Arrecife Manchones

Es el arrecife más popular de isla Mujeres para bucear. A tan solo 10-12 m de profundidad, sus aguas son seguras y ofrece unas bonitas vistas de corales de colores y peces.

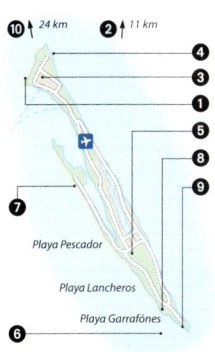

Mapa de Isla Mujeres

9 Parque Escultórico Punta Sur

El extremo meridional de la isla ha sido transformado en un parque escultórico, que acoge unas impresionantes obras de arte contemporáneo distribuidas alrededor del faro y en la costa.

7 Dolphin Discovery

Uno de los delfinarios más grandes de la Riviera, ofrece a los visitantes la oportunidad de nadar y bucear con estas amistosas criaturas en su hábitat y no en una piscina. Los visitantes también verán manatíes y rayas. Hay otros centros Dolphin Discovery en Cozumel y en Puerto Aventuras.

8 El Garrafón

Este parque natural y centro de buceo se creó alrededor de una piscina natural poco profunda. Dispone de restaurantes y equipos de alquiler. Se puede nadar y bucear con tubo en la piscina rocosa, en los arrecifes de la costa o en una segunda piscina.

10 Isla Contoy

Contoy (derecha), una isla desierta a unos 29 km al norte de isla Mujeres, es una importante reserva de aves con pelícanos, cormoranes, pájaros fragata y espátulas. Contrate excursiones de un día.

LOS LAFITTE

Los residentes más famosos de isla Mujeres fueron los hermanos nacidos en Lousiana en el siglo XIX, Jean y Pierre Lafitte, considerados los últimos grandes piratas del Caribe. Navegaron hacia el sur tras romper con el Gobierno de Estados Unidos, y construyeron un fuerte en la laguna de la isla, pero fueron atacados por la armada española en 1821. Ambos, gravemente heridos, escaparon en una embarcación; se piensa que Pierre murió en Dzilam Bravo. El destino de Jean es un misterio.

INFORMACIÓN ÚTIL
MAPA H2, S1 y L1-2

Información turística: Avda. Rueda Medina 130, a la izquierda del muelle; (998) 877 0307; **Horario:** 9.00-16.00 lu-vi; www.isla-mujeres.net

Dolphin Discovery: (998) 193 3350; entrada: 109-194 $, es necesario reservar; www.dolphindiscovery.com

Cooperativa de mujeres joyeras: 9.00-16.00 lu-sá

Parque Garrafón: (01) 866 393 5158; 9.00-17.30 todos los días; entrada: 85-199 $; www.garrafon.com

Parque Escultórico Punta Sur: 10.00-18.00 todos los días; entrada: 6 $

- El ferri une Puerto Juárez con la isla.
- Para ver la isla, se recomienda alquilar un carrito de golf, una motocicleta o una bicicleta.
- Compre provisiones en la ciudad antes de recorrer la isla.

Tulum

Tulum, uno de los lugares más hermosos de Yucatán, ofrece una combinación impresionante de espectaculares ruinas mayas y kilómetros de maravillosas playas. En sus cercanías cuenta con una de las mejores cuevas del mundo para bucear. Es el destino más popular de Yucatán para los que buscan alojarse en cabañas al borde de la playa escuchando las olas.

1 Ruinas de Tulum
Cuando llegaron los españoles en la década de 1520, Tulum era una ciudad maya amurallada que contaba con una próspera comunidad comercial. Sus ruinas *(derecha)* incluyen una reconocible calle mayor, el palacio de Halach Uinic y la Casa de las Columnas.

2 Pueblo de Tulum
Tulum se extiende en torno la carretera principal. Hasta hace pocos años conservaba completamente su naturaleza maya, pero ahora cuenta con un banco, terminal de autobuses, cafés y pequeños hoteles.

3 Zona *hippy*
Las cabañas más antiguas y sencillas –Hotel & Cabañas Zazil Kin Tulum– se disponen a lo largo de la carretera de la playa cercana a las ruinas. No es el lugar ideal para los que busquen intimidad o algo más que unas sencillas duchas.

4 Parque Natural Tankah
Ubicado en la bahía de Tankah ofrece paseos en jeep, tirolina y canoa por exuberantes bosques, así como la oportunidad de visitar la aldea maya situada dentro del parque.

5 Paraíso escondido
A lo largo de un tramo de playa al sur de la bifurcación de la carretera se encuentra una amplia variedad de alojamientos, desde cabañas sencillas con suelos de arena a las más lujosas, la mayoría ocultas. Algunas disponen de electricidad, otras solo están iluminadas por velas.

6 Cenote Aktun-Ha
Otro cenote para disfrutar nadando *(izquierda)*, con un estanque amplio y tranquilo que desemboca en un oscuro y misterioso sistema de cuevas. Al nadar se pueden ver numerosos bancos de diminutos peces.

Tulum « 23

⑧ Xel-Ha
En esta ensenada de coral *(izquierda)* se puede disfrutar de la playa, de un recorrido forestal y de buceo. Hay multitud de peces de colores. Es magnífico para los niños. Cruzando la autopista hay ruinas mayas.

⑨ Gran Cenote
A lo largo de la carretera que va a Cobá desde Tulum hay varios cenotes accesibles en los que los visitantes se pueden sumergir. Rodeado de columnas de roca y flores exóticas, el Gran Cenote, que conduce a una enorme caverna abovedada, es uno de los más atractivos para nadar o bucear con tubo.

> **CENOTES**
>
> Hace unos 65 millones de años cayó un asteroide en la Península de Yucatán, evento que precipitó la extinción de los dinosaurios. El impacto también formó una vasta red de cuevas de piedra caliza, ríos subterráneos y cenotes, fosas naturales alimentadas por manantiales. Nadar o bucear en estos cenotes, que pueden ser desde pequeños pozos a cavernas como una catedral, es una experiencia inolvidable. En la zona de Tulum se ofrecen viajes organizados para bucear en las cuevas.

⑩ El Castillo
La construcción maya más impresionante de Tulum es su gran templo-pirámide *(arriba)*. La llama del faro que coronaba el santuario era visible a varios kilómetros.

Plano de Tulum

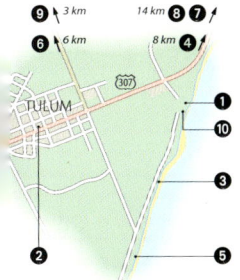

⑦ Cenote Dos Ojos
Este cenote constituye la entrada a uno de los sistemas de cuevas subterráneas más largos del mundo. Tiene más de 563 km.

INFORMACIÓN ÚTIL
MAPA G4 y P6

Información turística:
www.rivieramaya.com;
www.inah.gob.mx

Gran Cenote y Aktun-Ha:
9.00-17.00 todos los días;
entrada: 12 $

Xel-Ha: (998) 251 6560;
8.30-19.00 todos los días;
entrada: 79 $; niños 40 $;
menores de 5 años gratis;
www.xelha.com

Ruinas de Tulum: 8.00-17.00 todos los días;
entrada: 5 $

Parque Natural Tankah:
9.00-17.00 todos los días;
entrada: 40-50 $;
www.tankah.com.mx

Dos Ojos: se cobra por cada actividad;
www.cenotedosojos.com

■ En temporada alta las cabañas más baratas a menudo se reservan a las 10.00 de cada día.

■ Las cabañas Diamante-K tienen un café vegetariano y un bar de zumos, abierto a no residentes.

Páginas siguientes Relieve de la Plataforma de las águilas y los jaguares en Chichén Itzá

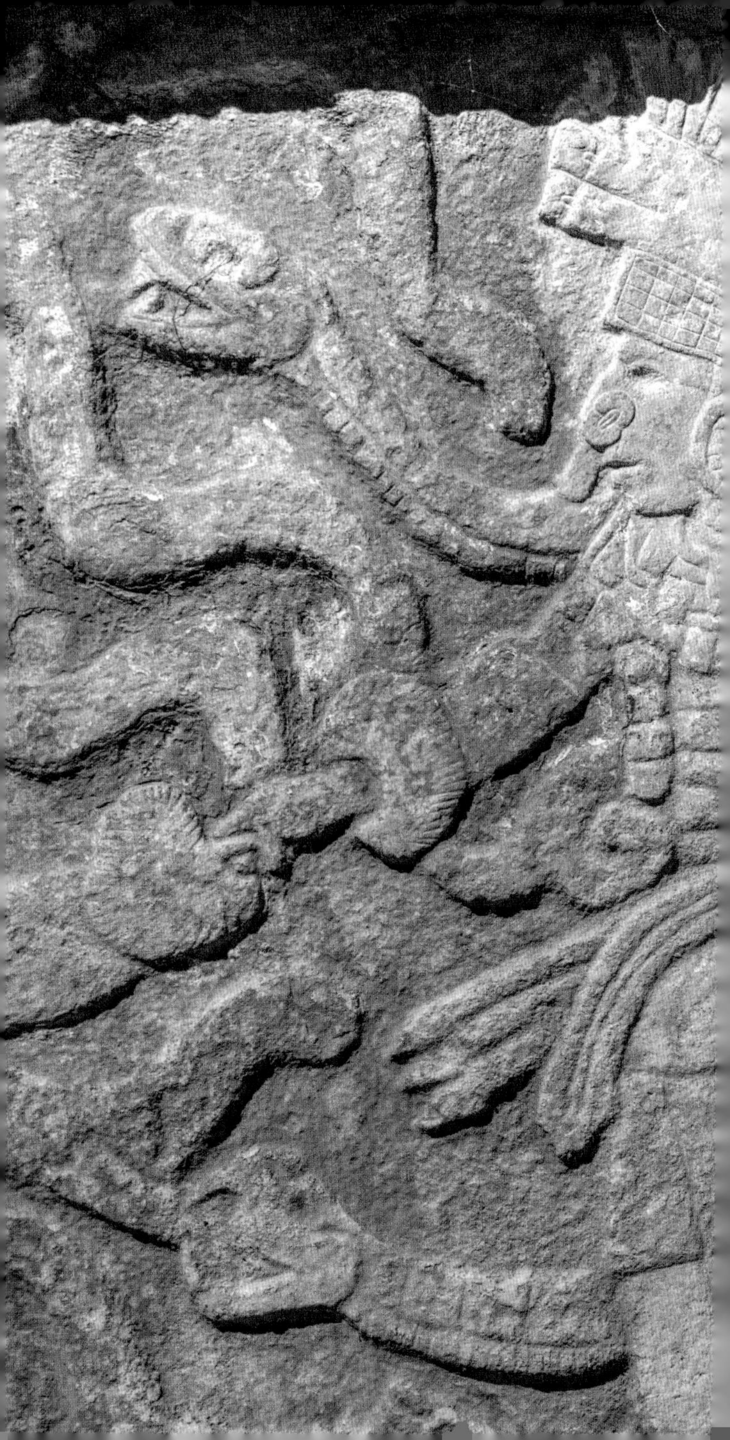

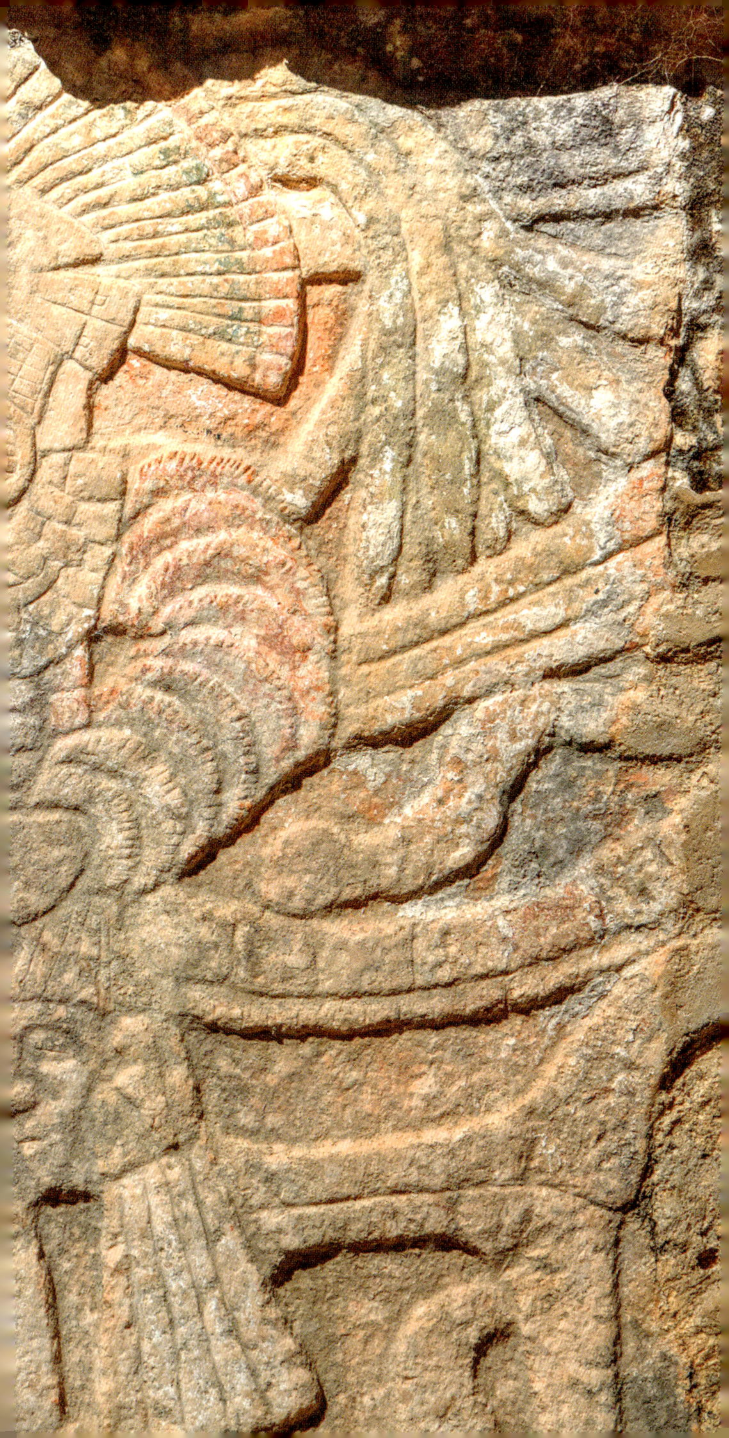

Reserva de la Biosfera Sian Ka'an

La jungla deshabitada y los vastos humedales de Sian Ka'an ("donde nace el sol" en maya) ofrecen un fuerte contraste con la Riviera Maya. Hacia el sur de Tulum y bordeando la bahía de la Ascensión se extiende un área de lagunas, arrecifes, lagos, manglares y bosques. Prácticamente despoblada, alberga una impresionante fauna.

Ruinas de Muyil ①
Las ruinas mayas de Muyil se extienden a la salida de la reserva. Esta antigua ciudad, posiblemente aliada de Cobá *(ver p. 92)*, conserva una pirámide *(derecha)* inusualmente grande con un edificio con muchas habitaciones en lo alto. Un sendero conduce al lago Chunyaxché.

② Boca Paila
Junto a una magnífica laguna Boca Paila Fishing Lodge es el favorito de los pescadores experimentados. Aquí las excursiones cambian las furgonetas por barcos.

③ Punta Allen
Se dice que este tranquilo pueblo de pescadores de langostas, con sus calles de arena, su gran playa y unos pocos restaurantes y alojamientos, fue fundado por el pirata Barbanegra, cuyo barco se llamaba *Allen*.

④ Lago Chunyaxché
Sian Ka'an cuenta con varios lagos que están alimentados por corrientes subterráneas. En los canales que llegan al lago desde la laguna hay varios puntos maravillosos en los que se encuentran las aguas del mar y del lago, un hábitat que alberga una mezcla de innumerables peces y vida vegetal.

⑤ Islas de los lagos
Dentro de la reserva hay al menos 27 ruinas mayas, muchas de ellas conforman pequeños templos aislados erigidos en las islas de los lagos. Se cree que pudieron ser lugares de peregrinación que se visitaban para rituales especiales.

⑥ Otros animales
Sian Ka'an alberga toda la variedad de gatos salvajes de México y Centroamérica, además de osos hormigueros, manatíes y tapires. Con todo, los animales que más se avistan son los mapaches, monos araña, zorros plateados *(izquierda)* e iguanas.

Reserva de la Biosfera Sian Ka'an « 27

7 Marismas de la bahía de la Ascensión

Constituyen uno de los mejores lugares del mundo para la pesca con mosca. Los alojamientos de la carretera y los albergues de Punta Allen ofrecen salidas de pesca.

Mapa de la Reserva de la Biosfera Sian Ka'an

CHECHÉN Y CHAKAH

La toxicidad del pequeño árbol chechén puede paralizar y marear a la gente solo con su olor. Pero si alguien se frotase con sus hojas, tan solo tendría que buscar a su alrededor un arbusto chakah para encontrar el antídoto natural al veneno del chechén.

9 Aves autóctonas y migratorias

Cerca de 350 especies de aves han sido catalogadas como autóctonas de la Reserva de la Biosfera Sian Ka'an, y cerca de un millón de pájaros migratorios llegan cada año desde Norteamérica. Las más fáciles de ver son los ibis, garcetas, flamencos y cigüeñas *(derecha)*.

10 Cenote Ben-Ha

Cerca de la casa de los guardas a la entrada a la reserva, parte un camino que conduce a un cenote en el que se puede nadar.

8 Manglares y bosques

La mezcla de agua salada y dulce ofrece las condiciones ideales para los manglares *(derecha)*. Tierra adentro hay grandes extensiones de bosque húmedo y pradera.

INFORMACIÓN ÚTIL

MAPA F5-6 ■ Entrada a la reserva: 5 $ por persona; es recomendable apuntarse a un recorrido organizado para disfrutar mejor de la vida salvaje

Sian Ka'an Tours, Tulum: (984) 871 2202; las excursiones cuestan aproximadamente 90 $ y más por persona (los precios varían según el viaje); www.siankaantours.org

■ Las agencias citadas ofrecen en ocasiones excursiones especializadas como salir a bucear, observar las aves o buscar cocodrilos por la noche.

■ Las excursiones suelen ofrecer algún refrigerio (por lo general bebidas y sándwiches), pero si se viaja en solitario hay que comer o comprar víveres en Punta Allen.

■ Asegúrese de llevar calzado apropiado con suelas resistentes cuando visite la reserva.

Chichén Itzá

Construida a una escala descomunal, que parece ser de otro mundo, Chichén, una de las nuevas siete maravillas del mundo, engloba algunas de las construcciones más grandes de las antiguas ciudades mayas. Contaba con un puerto cerca del río Lagartos, y se enriquecía con el comercio. Con una importante población, se convirtió en la ciudad más poderosa de Yucatán durante los últimos siglos de la era clásica maya (750-900 d.C). La visita a estas maravillosas ruinas es obligada.

1 Observatorio

Este observatorio *(arriba)* recibe también el nombre de El Caracol por sus escaleras en espiral. Tres hendiduras en lo alto señalan el sur y la posición del sol y la luna en los equinoccios de primavera y otoño.

2 El Convento

Los españoles pensaron que este grupo de edificios era un convento, pero los expertos creen que se trata de la principal zona residencial y administrativa de los señores de Chichén durante los primeros años de la ciudad. Hay espectaculares tallas.

3 Juego de pelota

Construido en el año 864 d.C., es el juego de pelota mayor de México *(ver p. 31)*. Tiene unas maravillosas tallas y una gran acústica.

4 Espectáculo de luz y sonido

Cada noche, este espectáculo representa la historia de Chichén Itzá, mientras sus templos se iluminan.

5 Tumba del Sumo Sacerdote

Esta pirámide conserva una inscripción con la fecha de su conclusión: el 20 de junio de 842. Debe su nombre a la tumba excavada a sus pies, que no puede visitarse.

6 Castillo de Kukulcán

No se puede subir a esta impresionante pirámide *(abajo)*, que incluye una más antigua, sino que se accede desde la parte superior del Castillo. Tallas, paneles, niveles y los 365 escalones son símbolos del calendario maya.

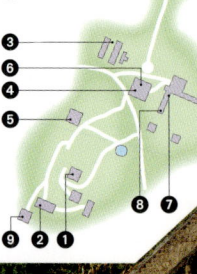

Mapa de Chichén Itzá

Chichén Itzá

LOS EQUINOCCIOS

Durante el equinoccio de primavera, el sol vespertino incide sobre las colas de las serpientes que bordean la escalera norte de El Castillo y desciende hasta sus cabezas justo antes del anochecer. En otoño se produce el mismo fenómeno pero en sentido inverso. El rito simbolizaba el contacto con los dioses. Actualmente acuden muchedumbres para verlo.

7 Templo de los Guerreros

Este templo *(arriba)*, situado frente a El Castillo, se empleaba para rituales. Frente a él se alzan pilares con intrincadas tallas que retratan a grandes personajes de Chichén.

8 Patio de las Mil Columnas

El bosque de columnas que rodea un gigantesco zócalo sujetaba antiguamente una techumbre de madera y palmas. Era la plaza central en la que tenían lugar los negocios en Chichén.

9 Chichén Viejo

Chichén ocupaba un área mucho mayor que su corazón monumental. Al sur se encuentra Chichén Viejo, un asentamiento parcialmente excavado, tan antiguo como las plazas centrales.

10 Cenote Sagrado

Visitado por los peregrinos mayas durante siglos, el Cenote Sagrado *(arriba)*, un sumidero natural *(ver p. 23)* atesora en su fondo joyas, esculturas y huesos de animales.

INFORMACIÓN ÚTIL

MAPA E3

Horario: 8.00-17.00 todos los días; entrada: 8 $; gratis menores de 14 años; www.chichen itza.inah.gob.mx

Espectáculo de luz y sonido: invierno 19.00 todos los días; verano 20.00 todos los días; el acceso está incluido en la entrada principal, pero hay que pagar 2,50 $ por audífonos con comentarios en inglés, italiano, alemán o francés; www.inah.gob.mx

■ Para visitar bien Chichén es recomendable alojarse cerca de la víspera para poder acudir pronto, antes de las horas de calor y de la llegada de los grandes grupos procedentes de Cancún hacia las 11.00.

■ La pequeña ciudad de Pisté, al oeste de las ruinas, cuenta con varios restaurantes agradables a lo largo de su calle principal, como Las Mestizas *(ver p. 107)*, con más encanto que los del centro turístico de las ruinas.

Chichén Itzá: los relieves

1 Inscripciones de la Casa Colorada
Esta casa testimonia el ritual celebrado en septiembre del año 869 para asegurar la prosperidad de la ciudad.

2 Máscaras de Chac de El Convento
La nariz ganchuda del dios de la lluvia, Chac, aparece representada en varias hileras de El Convento.

3 Plataforma de los Jaguares y las Águilas
Pudo tener un uso ritual para las órdenes de guerreros de los Jaguares y las Águilas. Sus tallas muestran a los animales comiendo los corazones humanos.

Cabezas de Kukulkán en el Castillo

Plataforma de los Jaguares y las Águilas

4 Chac Mool y el altar del Jaguar Rojo
Las figuras reclinadas de Chac Mool representan guerreros que sostienen ofrendas a los dioses. El Chac Mool del templo interior de El Castillo se alza frente a un trono de jaguar pintado.

5 Templo de los Jaguares
Unos paneles tallados conectan los cimientos de Chichén Itzá con la Primera Madre y el Primer Padre, creadores del mundo.

6 Friso del juego de pelota
Cuando los jugadores perdían, se les cortaba la cabeza. Los siete chorros de sangre que salían de sus cuellos se transformaban en parras y flores.

7 Cabezas de Kukulcán
Las serpientes de El Castillo probablemente representan una conexión con los dioses (ver p. 43) aunque también han sido asociadas con Quetzacoatl, el dios serpiente de México central.

8 Tzompantli
La plataforma que se alza cerca de la cancha de juego de pelota, cubierta de cráneos esculpidos de todos los tamaños, se empleaba probablemente para mostrar las cabezas de las víctimas de sacrificios.

9 Columnas de los Guerreros
Esta galería de hombres ilustres de Chichén, muestra sobre todo a guerreros, aunque también hay sacerdotes y cautivos atados.

10 Serpientes, armadillos, tortugas y cangrejos
Representan los cuatro espíritus que dominan el cielo en los cuatro puntos cardinales en la mitología maya; se disponen entre las cabezas de Chac de la iglesia de El Convento.

Mapa de Chichén Itzá

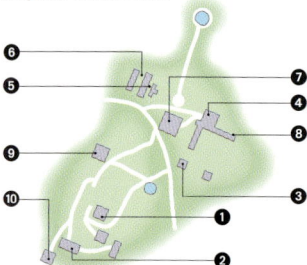

EL JUEGO DE LA PELOTA

El antiguo juego de pelota mexicano puede remontarse a antes de 1500 a.C. y se basa en mitos mayas como la historia de los héroes gemelos Hunahpu y Xbalanqué que practicaron este juego con los Señores de la Muerte durante varios días y noches, desafiando al destino. Todas las ciudades mayas disponen de un campo de juego de pelota. No se sabe con exactitud cómo se jugaba, pero se piensa que existían dos estilos principales. En uno participaban dos o cuatro jugadores en los patios más pequeños y antiguos, y el objetivo era pasar la pelota por encima del oponente hasta la otra punta del campo sin que tocase el suelo. El otro estilo se practicaba en campos mayores, como el de Chichén Itzá; equipos de siete jugadores debían encestar en unos grandes anillos dispuestas a ambos lados del campo. Ninguno de los dos juegos permitía tocar la pelota con las manos o pies, sino únicamente con los hombros, pecho y caderas. Este juego tenía un gran significado ritual y, a veces, los perdedores eran sacrificados a los dioses.

El campo de juego
Se pueden encontrar campos de juego de pelota en todas las culturas antiguas de México y Mesoamérica. Aunque el tamaño de los campos varíe, siempre tenían forma de H, como en esta ilustración de un código azteca *(abajo)*. El juego se consideraba como un símbolo del ciclo de la vida, en el que el campo representaba el mundo. Aunque los juegos tenían un importante significado religioso, también se realizaban apuestas.

TOP 10
ANTIGUOS JUEGOS DE PELOTA MAYA

1 Monte Albán, Oaxaca
2 Palenque, Chiapas
3 Toniná, Chiapas
4 Uxmal, Yucatán
5 Chichén Itzá, Yucatán
6 Cobá, Quintana Roo
7 Kohunlich, Quintana Roo
8 Calakmul, sur de Campeche
9 Tikal, Guatemala
10 Copán, Honduras

Un aro de piedra tallada era el lugar por el que los jugadores tenían que meter la pelota. Estaba colocado verticalmente a una altura de 8 m.

Mérida

Mérida, la más tropical de todas las ciudades coloniales de México, es una localidad de fachadas enlucidas, casas de estilo hispanoárabe con patios, elevadas y luminosas iglesias del siglo XVII y un tranquilo ambiente callejero. También es el centro de la vida cultural yucateca, lo que la convierte en un lugar ideal para contemplar y comprar artesanía.

1 Palacio del Gobernador

Esta elegante sede del Gobierno de Yucatán que se alza junto a la catedral, fue construida en 1892 para reemplazar el palacio del Gobernador español. Sus patios, abiertos al público, están decorados con murales de Fernando Castro Pacheco, que cuentan la historia de los mayas.

INFORMACIÓN ÚTIL
MAPA C2

Oficinas de turismo:
Palacio Municipal, Calle 62/61 y 63 Centro; (999) 942 0000; www.merida.gob.mx/turismo

Palacio del Gobernador:
8.00-21.00 todos los días

Museo de Antropología:
Palacio Cantón; (999) 923 0557; 8.00-17.00 ma-do; entrada: 5 $

Gran Museo del Mundo Maya: Calle 60 Norte, n.º 299 E, Unidad Revolución; (999) 341 0435; 8.00-17.00 mi-lu; entrada: adultos 7 $; niños 1 $; www.granmuseodelmundomaya.com.mx

■ Lejos de la zona turística, subiendo por el paseo Montejo, se puede disfrutar de algunas de las mejores comidas de Mérida. Es importante saber que algunos de los restaurantes más lujosos de la ciudad cierran por las noches.

2 Museo Casa Montejo

El impresionante pórtico *(arriba)* de la primera casa española que se construyó en Mérida, para alojar a los Montejo en 1549, recoge una representación de la conquista.

3 Gran Museo del Mundo Maya

Este museo *(abajo)* tiene una fascinante colección piezas del mundo maya, y un impresionante espectáculo de luz y sonido los viernes y fines de semana.

4 Catedral

Construida entre 1562 y 1598, es la catedral más antigua del continente americano (en toda América solo es superada por la de Santo Domingo, en República Dominicana). Monumental, muestra el estilo sobrio del renacimiento español, con una elevada fachada y algunas decoraciones florales.

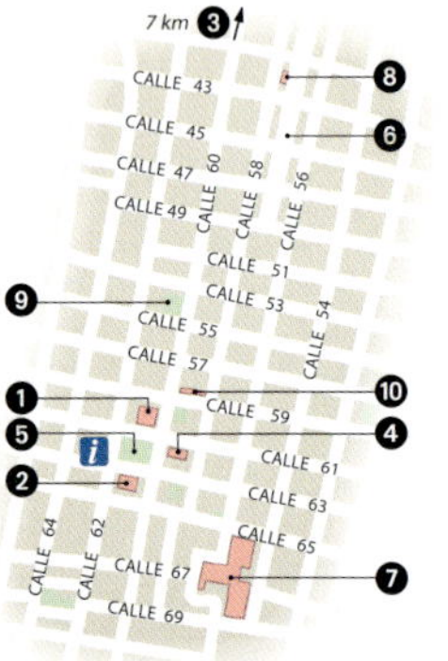

Mérida « 33

LOS TRÍOS

Paseando por la plaza Mayor por las tardes es habitual ver grupos de tres hombres, vestidos con camisa blanca y pantalón negro, que portan una guitarra. Son los tríos de Yucatán, unos cantantes de música tradicional a los que se contrata para dar serenatas, tanto en fiestas y bodas, como en la misma plaza.

⑤ Plaza Mayor

Esta plaza *(arriba)*, corazón de la ciudad maya de Ti'ho fue elegida como centro urbano por el conquistador Francisco de Montejo cuando fundó Mérida en 1542. La plaza sigue estando rodeada por los principales edificios públicos de la ciudad, mientras que sus columnatas y bancos bajo los gigantescos laureles la convierten en lugar de reunión.

⑥ Paseo de Montejo

Diseñado en los primeros años del siglo XX a imitación de los bulevares parisinos, está flanqueado por lujosas mansiones, algunas de las cuales muestran una fabulosa iconografía maya.

⑦ Mercado

Es el centro comercial de Yucatán. Tiene puestos repletos de comida, hamacas, sandalias, sombreros de Panamá y bordados *(ver p. 113)*.

⑧ Museo de Antropología

Uno de los museos arqueológicos más importantes de México está ubicado en la mayor de las mansiones del paseo Montejo, construida para el general Francisco Cantón entre 1909 y 1911. Guarda numerosos tesoros excavados en yacimientos de todo el Yucatán. Destacan las piezas de cerámica y jade. Sus exposiciones ofrecen una panorámica del mundo maya que completa la visita a las ruinas.

⑨ Parque Santa Lucía

La plaza porticada de Santa Lucía, con partes que se remontan a 1575, es la más encantadora de todas las plazas de Mérida. Cada jueves se celebran conciertos gratuitos de música tradicional.

⑩ Iglesia de Jesús

Fue construida en 1618 por los jesuitas *(abajo)*, que abogaban por la ornamentación frente al estilo más sencillo de los franciscanos, dominante en la ciudad.

Uxmal

Uxmal (la "tres veces construida"), la más majestuosa de las ciudades mayas, fue una poderosa ciudad-Estado entre 700 d.C. y 900 d.C. Sus espectaculares construcciones parecen unos grandiosos escenarios comparables a los monumentos más famosos de las antiguas Grecia y Roma.

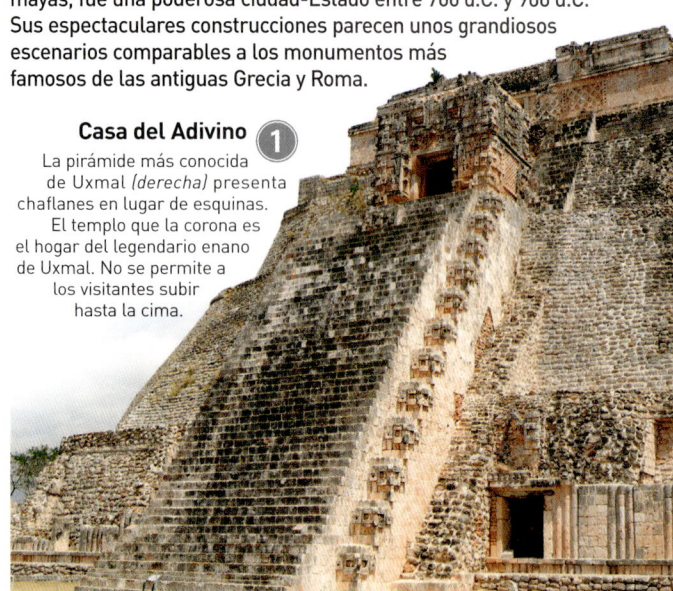

Casa del Adivino ❶

La pirámide más conocida de Uxmal *(derecha)* presenta chaflanes en lugar de esquinas. El templo que la corona es el hogar del legendario enano de Uxmal. No se permite a los visitantes subir hasta la cima.

❷ El Palomar

Este espléndido complejo incorpora varios templos y residencias palaciegas, que estuvieron llenas de esculturas. Los primeros viajeros pensaron que la techumbre calada que cubría su estructura principal se asemejaba a unos palomares *(abajo)* y de ahí su nombre.

❸ Templo del Ciempiés y el Arco

Entre las zonas no excavadas de Uxmal se incluye el templo del Ciempiés. Una *sacbé* (carretera maya) la unía con la ciudad aliada de Kabah. Un arco marca los límites del centro neurálgico de Uxmal.

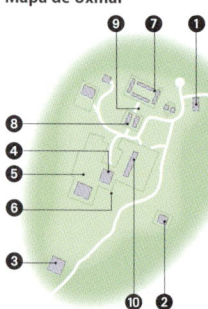

Mapa de Uxmal

❹ Gran Pirámide

La mayor parte de esta elevada pirámide es más antigua que el palacio del Gobernador. Como muchas otras construcciones mayas, sufrió varias alteraciones y añadidos, pero ahora está en malas condiciones.

Uxmal « 35

5 Casa de la Vieja

Excavada solo en parte, esta gran pirámide con un templo de estilo Puuc en uno de sus lados, se encuentra entre las más antiguas construcciones de Uxmal, pues está fechada alrededor del año 700. Según la leyenda, fue la casa de la Madre del Duende.

6 Espectáculo de luz y sonido

Cada noche los edificios principales de Uxmal se iluminan con diversos colores *(arriba)* al tiempo que se narra la historia y la leyenda de Uxmal.

7 Cuadrángulo de las Monjas

Este elegante complejo de cuatro edificios fue el centro político y religioso de Uxmal. Su nombre se debe a un fraile español al que la estructura le recordó a un convento. Sus intrincados calados *(ver p. 36)* simbolizan la relación de la ciudad con los dioses.

8 Casa de las Tortugas

Este proporcionado y delicado templo-residencia es considerado el arquetipo del estilo arquitectónico Puuc *(ver p. 37)*. Debe su nombre a la cornisa decorativa que muestra una fila de tortugas talladas en la piedra. Es un motivo reiterativo en Uxmal, ya que la tortuga estaba asociada al renacer en otra vida y a la fertilidad del agua.

EL DUENDE DE UXMAL

Según la leyenda, Uxmal fue fundada por un *alux* (duende) que había tocado un címbalo que anunciaba un cambio de rey. El monarca retó al *alux* a construir una casa, éste levantó en una noche la pirámide del Adivino. En otra jornada, construyó el camino a Kabah. En la última prueba ambos debían abrir un cocoyol (fruto de hueso muy duro) sujeto en la cabeza. El rey murió pero el duende fue protegido por una tortilla mágica y se convirtió en el gobernante de Uxmal.

9 Juego de pelota

El principal campo de juego de pelota de Uxmal es menor que el de Chichén Itzá *(ver p. 31)*. Los anillos para encestar originales tienen una inscripción que los fecha en el año 901; los que se ven en el campo son réplicas *(arriba)*.

10 Palacio del Gobernador

Este enorme palacio, de más de 91 m de largo, considerado a menudo como una de las más hermosas construcciones mayas, fue edificado para el gobernante más importante de Uxmal, señor Chac. Su friso simboliza el tiempo y los ciclos de la lluvia, el sol y el renacer.

INFORMACIÓN ÚTIL

MAPA C4

Horario: 8.00-17.00 todos los días; entrada: 15 $ lu-sá, dar propina por la visita guiada; www.inah.gob.mx

Espectáculo de luz y sonido: invierno 19.00 todos los días; verano 20.00 todos los días; entrada: 8 $

■ Llegar a primera hora de la mañana permite evitar el calor y las multitudes. Ver todo el asentamiento requiere al menos una mañana completa.

■ Hal-Tun, junto a la carretera y unos 2 km al norte de las ruinas, es un encantador restaurante típico yucateco con una agradable y tranquila terraza.

Uxmal: los relieves

1. Bocas de monstruos
Las entradas al templo en forma de gigantescas bocas de monstruos, como la de la Casa del Duende en la pirámide del Adivino, tienen por misión conectar el templo con los dioses de la tierra.

2. El Convento: las serpientes
Las figuras del edificio Este son las míticas serpientes que comunicaban a los hombres con el mundo de ultratumba.

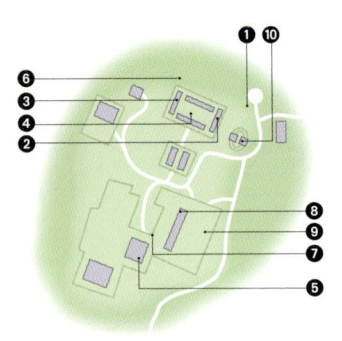

Mapa de las tallas de Uxmal

Cabezas de serpientes del Convento

3. El Convento: cabezas de serpiente
Las serpientes aladas del edificio Oeste también tienen un valor simbólico. De sus fauces emergen rostros humanos.

4. Cuadrángulo de las Monjas: las chozas mayas
Una de las representaciones habituales de las tallas Puuc es la combinación de complejos símbolos con imágenes cotidianas. Las chozas talladas en el edificio sur de El Convento recuerdan a las de los pueblos yucatecos actuales.

5. Los loros de la Gran Pirámide
Las representaciones de unos estilizados guacamayos (guaca-mayas), en el templo que corona la Gran Pirámide son símbolos de la incontrolable naturaleza.

6. El Convento: flores y filigranas
Las filigranas representan cabañas; las flores simbolizan la magia. La combinación de ambos motivos indica que es un edificio ceremonial.

7. Símbolos muyal
El sencillo motivo en espiral que aparece frecuentemente en El Convento y en el palacio del Gobernador, representa la palabra maya para nube, *muyal*, otro símbolo de contacto con el cielo.

8. El señor Chak
Se cree que la figura con un espectacular tocado que se encuentra en la fachada del palacio del Gobernador representa al señor Chac.

9. La Picota
Esta columna conocida como La Picota, tiene una serie de inscripciones que no han sido descifradas. Formaba parte de un culto a la fertilidad característico de Uxmal.

10. Cuadrángulo de los Pájaros
Las hermosas imágenes talladas de loros y otras aves simbolizan los elementos de la naturaleza.

Loro tallado en el Cuadrángulo de los Pájaros

LAS CIUDADES PUUC

Uxmal fue la más grande de una serie de comunidades mayas que florecieron en los cerros de Puuc, al sur de Yucatán, hacia 650-920 dC. Las otras ciudades conocidas son Kabah, Sayil, Xlapak y Labná *(ver pp. 44-45)*. Su original estilo arquitectónico, el más refinado de todos los mayas, está caracterizado por unas definidas líneas horizontales y por un fuerte contraste entre sus sencillos muros inferiores y los elaborados frisos tallados que los coronan. Diversidad de motivos arquitectónicos parecen imitar edificios más humildes y formaciones naturales, como las columnas que se disponen en la base de numerosos muros Puuc, que remedan las paredes de las chozas de madera de los poblados. Estas ciudades eran ricas pero frágiles, ya que se encuentran en una de las zonas más áridas de Yucatán. Es más, la severa sequía es probablemente la principal razón del rápido declive de las ciudades mayas meridionales hacia 800-950 dC. *(ver p. 42)*. Se puede realizar una excursión de uno o dos días por las principales ciudades Puuc, siguiendo la Ruta Puuc, al sur de Uxmal.

TOP 10 CIUDADES PUUC

1. Oxkintok
2. Uxmal
3. Kabah
4. Sayil
5. Nohpat
6. Xlapak
7. Labná
8. Chacmultún
9. Xcalumkín, Campeche
10. Itzimté, Campeche

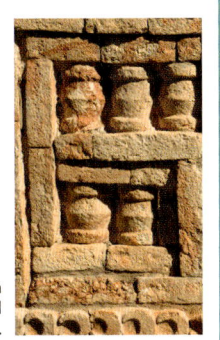

El estilo Puuc de relieves maya se puede ver calramente en el gran Arco de Labná *(ver p. 109)*.

Codz Poop, Kabah
La fachada principal del Codz Poop (palacio de las Máscaras) está cubierta por más de 250 caras del dios de la lluvia Chac *(ver p. 43)*. Los mayas creían que cubrir las construcciones con imágenes de dioses otorgaba poderes divinos a los edificios.

Campeche

Su casco antiguo constituye una joya de la época colonial. Sus calles adoquinadas con casas antiguas pintadas en suaves tonos están rodeadas por murallas, construidas para defenderse de los ataques piratas, en la época en que era uno de los grandes centros de comercio del imperio español. El museo de Campeche, que ocupa una antigua fortaleza, muestra unas espectaculares piezas mayas de la excavada ciudad de Calakmul.

1 Palacio Centro Cultural
Este museo, situado en un atractivo edificio de época colonial en el Parque Principal, traza de manera innovadora la historia de la ciudad a través de demostraciones multimedia, un espectáculo de luz y sonido, y exposiciones que incluyen una réplica de un galeón español.

4 Casa Seis
Esta elegante casa antigua que se alza en el lado oeste del Parque Principal, está restaurada para recrear el hogar de un mercader campechano acomodado del siglo XIX. Tiene además una oficina de información turística y un patio en el que se celebran conciertos y exposiciones.

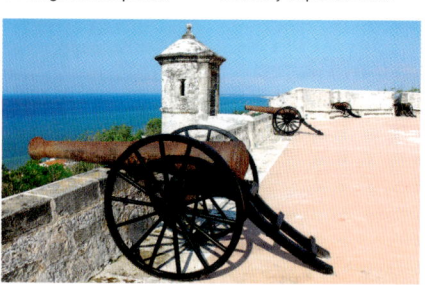

2 Museo del Fuerte de San Miguel
Esta antigua fortaleza (arriba) al sur de la ciudad alberga una colección de piezas mayas, incluidas unas preciosas máscaras funerarias de jade.

3 Puerta de Mar
Una vez terminada la muralla de la ciudad, la Puerta de Mar constituía la única salida al puerto. El bastión alberga actualmente el Museo de las Estelas Mayas, que expone estelas mayas de los alrededores de Campeche.

5 Malecón
El largo malecón ha sido restaurado. Es un agradable lugar de encuentro entre los lugareños, que acuden aquí a pasear. A menudo se puede disfrutar de unas maravillosas puestas de sol.

6 Catedral
Iniciada en los años 1560, la catedral de Campeche (derecha) no llegó a terminarse hasta el siglo XIX. Su elevada fachada es una de las partes más antiguas y está diseñada en estilo herreriano, típico de las iglesias erigidas durante el reinado de Felipe II.

7 Puerta de Tierra
Construida en 1732, la Puerta de Tierra era la única vía de salida o entrada por tierra a Campeche. Acoge un entretenido museo de historia marítima y de la piratería.

Campeche « 39

Plano de Campeche

LOS PIRATAS

Entre 1560 y 1680 Campeche sufrió ataques continuos de piratas como Henry Morgan y el holandés conocido como "Pata de Palo". Cuando los gobernadores españoles y los mercaderes de la ciudad ya no pudieron más, ordenaron la construcción de una muralla. Campeche se convirtió en una de las mayores ciudades amuralladas de América.

Calle de la antigua ciudad colonial de Campeche

⑧ Baluarte de Santiago

Este bastión aislado ha sido transformado en un imaginativo jardín botánico con palmeras gigantes y demás flora tropical.

⑨ Museo del Fuerte de San José

Este recio fuerte español alberga las secciones dedicadas a la colonia del Museo Municipal. Hay hermosas vistas.

⑩ Edzná

A unos 48 km al sureste de Campeche, esta antigua ciudad maya rivaliza con Chichén Itzá y Uxmal en tamaño y esplendor. Su complejo del palacio-templo, el edificio de los Cinco Pisos (arriba), una de las construcciones mayas más grandes y complejas.

INFORMACIÓN ÚTIL
MAPA A5

Información turística: Casa Seis, Avda. Ruiz Cortines; (981) 127 3300

Palacio Centro Cultural: Calle 8, entre 55 y 57; (981) 811 0366; 10.00-17.00 ma-do

Museo de las Estelas Mayas: 8.00-17.00 ma-do

Puerta de Tierra: 9.00-20.00

Fuerte San Miguel: 8.30-17.00 ma-do; entrada: 2,50 $

Fuerte San José: 9.30-17.30 ma-do; entrada: 3 $

Edzná: 8.00-17.00 lu-do; entrada: 3 $; www.inah.gob.mx

■ El servicio especial de autobuses "El Guapo" sale del parque Principal en dirección a los museos de los fuertes.

■ En el animado Luz de Luna (Calle 59, n.º 6) ofrecen diversos platos mexicanos a buen precio.

Lo mejor de Cancún y Yucatán

Bailarinas en la fiesta semanal Mérida en domingo

Hitos históricos	**42**	Rutas menos frecuentadas	**60**
Ruinas mayas	**44**	Deportes y actividades	**62**
Ciudades coloniales	**46**	Atracciones para niños	**64**
Iglesias	**48**	Vida nocturna	**66**
Playas	**50**	Platos de Yucatán	**68**
Arrecifes	**52**	Dónde comer	**70**
Reservas naturales	**54**	Cancún y Yucatán gratis	**72**
Parques ecológicos y temáticos	**56**	Festivales	**74**
Cenotes y cuevas	**58**		

Hitos históricos

1. Culturas antiguas (2000 a.C.-100 d.C.)

Aunque se tiene noticia de la presencia maya en Yucatán en el año 2000 a.C, hasta 300 a.C-100 d.C. no se registran los rasgos distintivos de su cultura, como la escritura, el calendario y las ciudades-Estado. Los mayas deben mucho a la primera gran cultura del antiguo México, los olmecas, que gobernaron entre 1500 a.C. y 300 a.C.

Códice maya, Museo Maya, Cancún

2. La época clásica de la civilización maya (250-800)

Durante los más de 500 años de época clásica, la civilización maya floreció por Yucatán, Chiapas, norte de Guatemala y Belice. Desde aproximadamente el año 650 su cultura se expandió por el norte de Yucatán, y alcanzó su cenit en Chichén Itzá y Uxmal.

3. La caída de la civilización maya (800-950)

En el periodo de 150 años, la civilización maya prácticamente desapareció, debido en gran parte a la superpoblación, la sobreexplotación de una tierra ya esquilmada, la intensificación de guerras intestinas y la sequía. Las Ciudades-Estado del sur quedaron desiertas y el sistema de escritura maya desapareció. En el norte, el declive se produjo con posterioridad y no se llegó a abandonar las ciudades en su totalidad.

4. El periodo post-clásico de la cultura maya (1150-1520)

Tras un paréntesis de 200 años, la cultura maya vivió una pequeña recuperación en el norte de Yucatán, en la ciudad de Mayapán. Centros como Tulum, Cozumel y El Rey (Cancún), en la costa yucateca, se convirtieron en importantes enlaces en la ruta comercial que unía a los aztecas de México central y de Sudamérica.

5. La llegada de los españoles (1517)

La expedición dirigida por Francisco Hernández de Córdoba, que había salido de Cuba y llegó a isla Mujeres, supuso el primer desembarco español en México. Siguiendo hasta Campeche y Champotón, fue atacada por los mayas y obligada a regresar.

6. La conquista española de Yucatán (1526-1542)

Yucatán fue tomado al tercer intento bajo las órdenes de tres miembros de la familia Montejo. Tras ser asediados durante varios meses en las ruinas de la antigua Ti'ho, la convirtieron en la sede de la nueva ciudad de Mérida.

Pintura que muestra a los conquistadores

Hitos históricos « 43

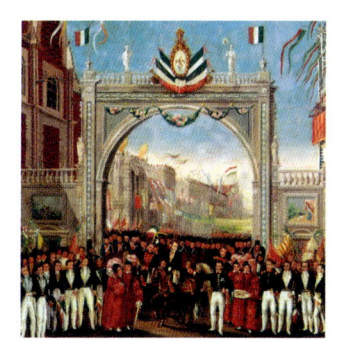

Ceremonia de la Independencia de Yucatán

⑦ La independencia (1821)

Con la caída del imperio español en América, Yucatán, que había contado con su propia Administración bajo su gobierno, aceptó con reparos formar parte de México, pero declaró su autonomía poco después. En 1842 una intentona mexicana de reincorporar Yucatán por la fuerza fue rechazada.

⑧ Inicio de la guerra de Castas (1847)

La población maya de todo Yucatán se levantó contra los gobernantes criollos y mestizos en la revuelta mejor organizada desde la conquista. Faltó poco para que triunfaran. Aunque el momento cumbre de la guerra tuvo lugar hacia 1850, los rebeldes continuaron desafiando a México hasta 1902, y algunos, incluso hasta 1930.

⑨ La prosperidad del henequén (1860-1910)

La economía de Yucatán sufrió un importante cambio con la demanda internacional de fibra de sisal, hecha con el cactus henequén. Este *oro verde* constituyó la mejor fibra hasta la llegada de los materiales sintéticos en la década de 1950. La riqueza se evidenció en las mansiones, teatros y demás atracciones de los magnates del henequén. Su auge sobrevivió en parte a la Revolución Mexicana, que comenzó en 1910.

⑩ La llegada del turismo (1971)

Con la apertura del primer hotel de Cancún nace la era del turismo y se produce una gran transformación económica.

TOP 10: DIOSES Y ESPÍRITUS DE LOS ANTIGUOS MAYAS

1 Itzamná
El dios supremo del Yucatán postclásico, inventor de la escritura y de la medicina.

2 Ixchel
La diosa de la fertilidad, el alumbramiento y los tejidos.

3 Dios del Maíz
Uno de los dioses más importantes, creado por la Primera Madre y Primer Padre. El maíz era primordial en la América antigua.

4 Los gemelos heroicos
Los gemelos Hunahppú y Xbalanqué vivieron muchas aventuras y desafiaron a la muerte.

5 Chac
El dios maya de la lluvia y la luz, reconocible en las tallas por su larga nariz ganchuda.

6 Tlaloc
Dios de la lluvia y la guerra de México central, con los ojos rodeados de aros.

7 Kukulcán
Este poderoso pájaro-serpiente, el dios Quetzacoatl de México central, es conocido en Yucatán como Kukulcán.

8 Serpientes
Hilos conductores entre los hombres y los dioses, eran invocadas en los rituales por los señores y chamanes mayas.

9 La tortuga cósmica
Según el mito maya de la creación, el Dios del Maíz surgió a través de una hendidura abierta en la concha de la tortuga cósmica.

10 El Señor de la Tierra
Los mayas contemplaban la tierra como un ser vivo. Los templos con bocas de monstruo (*ver p. 36*) a menudo representaban al Señor de la Tierra.

Chac, el dios de la lluvia

🔟 Ruinas mayas

1. Labná
MAPA C4

Una de las ruinas mayas más hermosas, situada en una valle boscoso lleno de pájaros, donde resulta fácil hacerse una idea de cómo era la vida aquí. Aunque pequeña, cuenta con hermosas construcciones, especialmente su arco de Labná *(ver p. 109)*.

Puerta de un edificio de Labná

2. Kabah
MAPA C4

La segunda ciudad Puuc más importante *(ver p. 37)* después de Uxmal, con la que estaba conectada por medio de una carretera maya o *sacbé*. Un gran arco al final de este camino forma pareja con el arco de Uxmal *(ver pp. 34-37)*. Su pieza principal es el Codz-Poop o palacio de las Máscaras, con una fachada con más de 250 rostros del dios Chac *(ver p. 110)*.

Edificios del complejo Kabah

3. Ek-Balam
MAPA F2

Esta ciudad era apenas conocida, pero las excavaciones de su gran templotúmulo en 1998 sacaron a la luz unas espectaculares tallas, sobre todo en El Trono, con su boca de monstruo, el más grande y original de todos los templos mayas. Entre otros edificios interesantes se incluye una torre en forma de espiral, La Redonda, cuyo diseño es un misterio *(ver p. 102)*.

4. Sayil
MAPA C4

Se encuentra entre las ciudades Puuc más prósperas y su población rondaba los 17.000 habitantes en 850 d.C. Su magnífico palacio ha sido comparado con las antiguas construcciones griegas. El Mirador era el centro del mercado de la ciudad *(ver p. 110)*.

5. Dzibilchaltún
MAPA C2

Este asentamiento situado al norte de Mérida estuvo poblado durante más de 2.000 años. Al amanecer, durante el equinoccio de primavera, el sol entra a través de las puertas del templo de las Siete Muñecas. También cuenta con un agradable cenote para nadar *(ver pp. 59 y 110)*.

6. Chichén Itzá
MAPA E3

La más impresionante de las ciudades mayas con sus gigantescas construcciones, que incluyen la colosal pirámide que se ha convertido en el símbolo perdurable de Yucatán *(ver pp. 28-31)*.

Ruinas mayas « 45

7 Tulum
MAPA G4

Tulum, una pequeña ciudad de las últimas décadas de la civilización maya, debe su espectacularidad a ser la única ciudad maya construida sobre una playa *(ver pp. 22-23)*.

8 Edzná
MAPA B5

Otra de las ciudades más grandes y prósperas de la época clásica de Yucatán *(ver p. 42)*. Destaca su enorme palacio, el edificio de los Cinco Pisos, que es el mayor y complejo de las construcciones mayas de varias plantas *(ver también p. 39)*.

9 Uxmal
MAPA C4

Una ciudad que cuenta con algunas de las más hermosas construcciones mayas en su Cuadrángulo de las Monjas y el palacio del Gobernador *(ver pp. 34-37)*.

Pirámide del Adivino, Uxmal

10 Cobá
MAPA F3

Antes del auge de Chichén Itzá, Cobá era la ciudad más grande y poderosa del norte de Yucatán. Sus edificios se extienden sobre una enorme zona de bosques y lagos. La Nohoch Mul, con sus 42 m de altura, es la pirámide más elevada de Yucatán *(ver p. 92)*.

TOP 10: RUINAS MÁS TRANQUILAS

Extrañas columnas de piedra de Aké

1 El Rey, Cancún
Los restos de los antiguos habitantes de Isla Cancún *(ver p. 13)*.

2 El Meco, Cancún
La ciudad cercana a Cancún más importante de la época precolonial *(ver p. 82)*.

3 San Gervasio, Cozumel
Capital de la isla cuando ésta era uno de los grandes centros de peregrinación del Yucatán maya *(ver pp. 14-15)*.

4 Xel-Ha
Uno de los asentamientos mayas más antiguos cercano a la moderna Riviera. Alberga murales antiguos de pájaros *(ver p. 23)*.

5 Muyil
Muy antiguo y próximo a la Reserva de Sian Ka'an con varias pirámides *(ver p. 26)*.

6 Aké
MAPA C2
Esta ciudad, construida con gruesos pilares y enormes losas de piedra, es diferente a cualquier otra de Yucatán *(ver p. 101)*.

7 Xcambó
MAPA C2
Un pequeño asentamiento con una capilla católica en una de sus pirámides *(ver p. 104)*.

8 Oxkintok
MAPA B3
Una ciudad antigua al oeste de la zona Puuc. Rivalizaba en tamaño con Uxmal y alberga un templo laberíntico *(ver p. 112)*.

9 Xlapak
MAPA C4
El más pequeño de los asentamientos Puuc. Su palacio tiene un elaborado friso de Chac *(ver p. 112)*.

10 Mayapán
MAPA C3
La última de las grandes ciudades mayas, que dominó Yucatán de 1200 a 1450 *(ver p. 112)*.

TOP 10 Ciudades coloniales

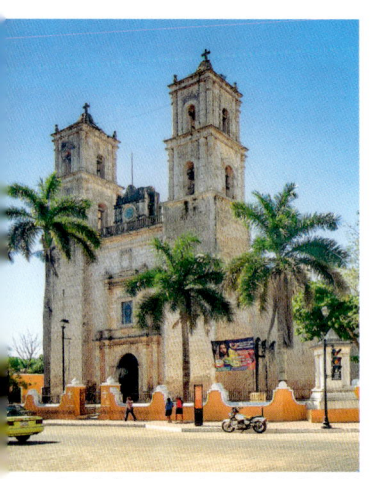

Catedral y plaza principal de Valladolid

1 Valladolid
Valladolid combina una elegante arquitectura colonial con el ambiente informal de una ciudad-mercado yucateca. Pórticos enlucidos y casas del siglo XVII circundan su plaza Mayor. Entre las numerosas iglesias y casas antiguas españolas se encuentra un encantador monasterio franciscano *(ver p. 48)*. Justo al salir de la plaza, la Casa de los Venados, alberga una de las mejores colecciones de arte popular moderno de México. A cuatro calles está el impresionante Cenote Zací, que era la principal fuente de agua de la ciudad.

2 Tizimín
Su nombre proviene del maya *tsimin*, que designa un tipo de demonio, y que también se empleó para nombrar a los españoles cuando se les vio por primera vez montados a caballo. Hoy es la capital de la región ganadera yucateca, que se extiende entre Valladolid y Río Lagartos. Sus agradables plazas gemelas, en el centro, están divididas por dos grandes monasterios *(ver p. 104)*.

3 Teabo
MAPA C4

Con un ambiente tranquilo, esta apartada ciudad se dispone alrededor de su gran iglesia franciscana construida entre 1650 y 1695. En su sacristía se pueden ver unas curiosas pinturas murales de santos descubiertas accidentalmente en la década de 1980. Teabo también es famosa por sus hermosos bordados.

4 Izamal
Conocida como la Ciudad Dorada a causa de la pintura ocre de sus edificios, es la más completa y mejor conservada de las ciudades coloniales yucatecas. En su centro se alza el monasterio franciscano mayor de Yucatán *(ver p. 48)*. A escasa distancia se encuentran las magníficas pirámides de una ciudad maya. La forma más habitual de visitar la ciudad es subiendo a sus coches de caballos o victorias *(ver p. 102)*.

Carruaje de caballos, Izamal

Ciudades coloniales « **47**

Antigua pirámide maya de Acanceh

5 Acanceh
MAPA C3

Una pequeña ciudad en la que sus más de 2.000 años de historia se ven desde las antiguas construcciones mayas a la hermosa iglesia colonial del siglo XVIII.

6 Ticul

Ticul, la mejor muestra de la vida tranquila y acogedora de una pequeña ciudad rural yucateca, también constituye un magnífico punto de partida para visitar las ruinas Puuc (ver p. 37). La manufactura típica de la ciudad son los zapatos, y también tiene un museo dedicado al chocolate, donde se hacen demostraciones culturales en directo y reconstrucciones.

7 Oxkutzcab
MAPA C4

La región que se extiende al sur de Yucatán, cerca de los cerros de Puuc, es una fértil zona de producción frutícola. Oxkutzcab tiene un enorme mercado en el que las mujeres mayas vestidas con *huípiles* (trajes blancos con bordados de colores) regentan puestos repletos de mangos, papayas y demás fruta. Detrás se alza el elevado campanario de la iglesia colonial, concluida en 1645.

8 Mérida

La capital de Yucatán, fundada por los españoles en 1542 sobre la antigua ciudad maya de Ti'ho, tiene un encanto especial. Casas coloniales enlucidas con patios sombreados. Pese al bullicio de su mercado, las viejas plazas de la ciudad siguen disfrutando de una vida tranquila y agradable (ver pp. 32-33).

9 Campeche

Campeche, la ciudad colonial amurallada mejor conservada de México, está llena de recuerdos de la época en que era el centro comercial del imperio español y vigilaba la llegada de los piratas del Caribe. El casco antiguo –con sus iglesias, patios, ventanas enrejadas y fachadas de delicados tonos pastel– ha sido restaurado para devolverle su genuino encanto español (ver pp. 38-39).

10 Maní
MAPA C4

Esta ciudad, ahora adormecida, fue una localidad importante en tiempos de la conquista y contiene la misión franciscana más antigua de Yucatán, escenario de dramáticos acontecimientos en 1562 (ver p. 48). La localidad de Maní fue la sede de Tutul Xiu, el primero de los grandes señores mayas en aceptar la autoridad española en el año 1542. El monasterio y la plaza Mayor ocupan la plataforma de un antiguo templo maya.

TOP 10 Iglesias

1 San Antonio de Padua, Izamal
MAPA D2

El enorme monasterio de Izamal, pintado en blanco y ocre al igual que el resto de la ciudad (ver p. 46), personifica el estilo austero promovido por los franciscanos que llevaron el catolicismo a Yucatán. Fundado en 1549 su enorme atrio fue diseñado para poder albergar grandes masas de fieles mayas en las misas al aire libre.

2 San Bernardino Sisal, Valladolid
MAPA E3

La iglesia de culto más antigua de Yucatán nació formando parte de un monasterio franciscano en 1552. Se situaba fuera de Valladolid con el fin de ser lugar de culto para los ciudadanos españoles de la ciudad y actuar como misión para los pobladores mayas. Su interior guarda un espectacular retablo mayor barroco policromado. Su claustro rodea un exuberante jardín con palmeras y un enorme pozo de piedra construido en 1613 sobre un cenote (ver pp. 72 y 102).

San Bernardino Sisal, Valladolid

Talla de retablo, Monasterio de Maní

3 Monasterio de Maní
MAPA C4

El primero de todos los monasterios franciscanos de misión de Yucatán, consagrado en 1549, tiene una estructura sencilla con una sobria fachada de piedra y un sombrío claustro. Su fachada muestra un altar exterior, que permitía celebrar servicios en la plaza. En 1562, después de que los franciscanos descubriesen que muchos mayas seguían practicando su antiguo culto en secreto, se celebró un auto de fe en la plaza durante el cual los religiosos quemaron cientos de manuscritos y reliquias mayas (ver p. 47).

4 La Mejorada, Mérida
MAPA C2

Esta iglesia de grandes dimensiones con una sencilla fachada de aspecto colonial, fue construida como parte de un gran monasterio franciscano en 1640, que cerró sus puertas en 1857. Las antiguas dependencias del monasterio que se encuentran tras la iglesia albergan una escuela de arquitectura.

Iglesias « 49

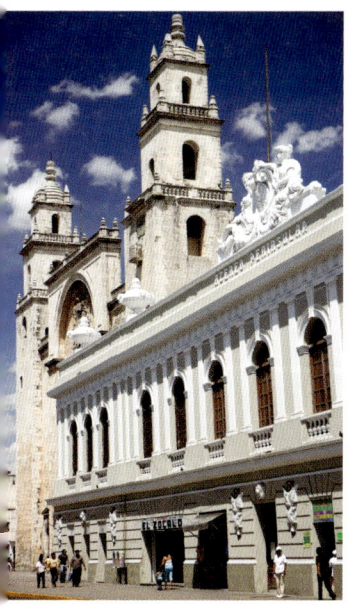

En torno a la catedral de Mérida

7 Tekax
MAPA C4

Concluida en 1692, esta iglesia de grandes y proporcionadas dimensiones se construyó en un estilo más contenido que el de los templos del primer periodo colonial. Las iglesias de Teabo y Oxkutzcab son parecidas *(ver pp. 46-47)*.

8 Catedral de Campeche
MAPA A5

Mérida y Campeche comenzaron a construir sus catedrales casi simultáneamente, pero las interrupciones de las obras en Campeche provocaron numerosos retrasos. Mientras su fachada central estaba terminada hacia 1600, la torre izquierda no llegó a añadirse hasta 1750 y la derecha hasta 1850.

9 Iglesia de Jesús, Mérida
MAPA C2

Construida para la orden de los jesuitas y concluida en 1618, el Jesús muestra un interior barroco dorado que contrasta fuertemente con la sencillez de las iglesias franciscanas. En el exterior, en algunas de sus piedras, aún pueden verse restos de tallas tomadas de templos mayas *(ver p. 33)*.

5 Catedral de Mérida
MAPA C2

La primera catedral concluida en el continente americano fue levantada por los conquistadores en austero estilo herreriano. Su estructura es muy sencilla, con pocos adornos y un gran interior de piedra blanca que le confieren un aspecto solemne.
Las figuras que flanquean el impresionante pórtico de entrada representan a los apóstoles Pedro y Pablo *(ver p. 32)*.

6 Las Monjas, Mérida
MAPA C2

Fue construida en la década de 1590 como capilla de uno de los primeros conventos de clausura de América. Su mirador, que parece una atalaya, con su interesante galería porticada, servía para que las monjas pudiesen tomar el aire sin tener que abandonar el convento.
La reja del interior de la iglesia recuerda que las religiosas se mantenían separadas del resto de los fieles.

Interior barroco de la iglesia de Jesús

10 San Roque, Campeche
MAPA A5

Las iglesias de Campeche suelen ser más coloristas que las de Mérida y el centro de Yucatán. San Roque es un original ejemplo de barroco mexicano, con un profuso retablo restaurado rodeado por figuras de escayola blanca.

TOP 10 Playas

③ Cozumel
El ocio de la isla está enfocado a tres grupos de visitantes: buceadores, pasajeros de los cruceros y familias. Aunque los mejores arrecifes se encuentran a cierta distancia, las tranquilas playas de la costa oeste son magníficas para bucear por primera vez. San Miguel tiene un ambiente bastante turístico pero agradable *(ver pp. 14-15)*.

Bañistas en Playa del Carmen

① Cancún
Es la mayor de todas: con una larga franja flanqueada por enormes hoteles y centros comerciales, y con todo tipo de atracciones. Las playas de la costa norte son mejores para nadar y disfrutar, pero pueden estar abarrotadas. En las playas de mayor oleaje que salpican el este, resulta más fácil encontrar sitio libre, pero hay que ser precavido con sus aguas *(ver pp. 12-13)*.

Aguas celestes cerca de Puerto Morelos

② Puerto Morelos
Pese a su emplazamiento entre Cancún y Playa del Carmen, Puerto Morelos ha evitado el desarrollo urbanístico. A lo largo de su extensa playa de arena blanca puede verse a los pelícanos flotando en el viento. Cerca de su orilla hay un buen arrecife para bucear *(ver pp. 52 y 79)*.

④ Playa del Carmen
El centro más moderno y que ha crecido más rápidamente de la Riviera Maya, con comercios, paseos y bares en la ciudad, y kilómetros de maravillosas bahías bordeadas de palmeras que se extienden hacia el norte en el litoral. Hacia el sur, Playacar tiene playas más pequeñas *(ver pp. 16-17)*.

⑤ Isla Mujeres
El pequeño tamaño de la isla asegura un ambiente más relajado, sobre todo en la playa Norte, cerca de la ciudad, que cuenta con unas aguas tranquilas y seguras. La isla es un magnífico centro de submarinismo *(ver pp. 20-21)*.

⑥ Akumal
Es una zona de gran belleza que se extiende a través de hermosas bahías de arena blanca y aguas

tranquilas. Aunque se han inaugurado algunos hoteles de gran tamaño, a lo largo de la mayoría de las bahías se pueden encontrar condominios de apartamentos y chalés. Es un magnífico lugar para practicar el submarinismo *(ver pp. 52 y 92)*.

⑦ Tulum
Es el mejor destino de Yucatán para aquellos que deseen alojarse en una choza cubierta por palmeras junto a la playa. En el extremo norte se encuentran las más económicas y masificadas, mientras que hacia el sur se sitúan las más apartadas y con mayores comodidades *(ver pp. 22-23 y 52)*.

⑧ Celestún
La mayoría de los turistas que van a Celestún lo hacen para ver sus flamencos *(ver p. 55)*, aunque también es un pueblo tranquilo con una playa de arena blanca. Tiene varios restaurantes de playa muy agradables *(ver p. 115)* y hermosas puestas de sol *(ver p. 109)*.

⑨ Isla Holbox
Uno de los destinos de moda de Yucatán, especialmente entre los mochileros, Isla Holbox tiene playas atractivas frente al Golfo de México. Desde mayo a mediados de septiembre en las aguas cercanas viven los tiburones ballena, especie en peligro, y se pueden ver desde las barcas o buceando.

Navegando en Puerto Aventuras

⑩ Puerto Aventuras
Este complejo vacacional se construyó alrededor de una ensenada. Alberga el puerto deportivo mejor equipado de la Riviera, rodeado de un agradable pueblo de vacaciones con chalés. También cuenta con un Dolphin Discovery Center *(ver p. 21)*, campo de golf, centro de tenis y complejos hoteleros.

Playa de arena blanca en Isla Holbox

TOP 10 Arrecifes

Arrecife Manchones, Isla Mujeres

1 Manchones, Isla Mujeres
MAPA L2

Es un arrecife muy variado de 1 km de largo a solo 9 m de profundidad en su mayor parte. Al sur de la ciudad se extiende una laguna cuya zona baja es magnífica para bucear con tubo; también se pueden encontrar arrecifes espectaculares algo más apartados *(ver pp. 20-21)*.

2 Tankah
MAPA P6

Una playa con pocos hoteles y menos conocida, que resulta ideal para bucear con tubo y botella, lejos de las multitudes. Los arrecifes se extienden muy cerca de la orilla *(ver p. 94)*.

3 Paraíso, Cozumel
MAPA R5

Cozumel ofrece la mejor y más extensa variedad de arrecifes, con una visibilidad perfecta, para buceadores con tubo o botella de todos los niveles. Paraíso y la cercana Chankanaab, con originales formaciones de coral que se extienden justo bajo la superficie, son de visita obligada *(ver pp. 14-15)*.

4 Puerto Morelos
MAPA R3

Esta playa, una de las más animadas del continente, es un parque marítimo protegido. El arrecife se encuentra increíblemente cerca de la costa, por lo que resulta ideal para el buceo con tubo y la introducción al submarinismo. Las pocas agencias de buceo que hay en Puerto Morelos ofrecen un servicio amable y personalizado *(ver p. 79)*.

5 Akumal
MAPA P5

Sus playas son una importante área de cría de las tortugas marinas. Los arrecifes que bordean las playas son magníficos para bucear *(ver p. 92)*. Akumal también es un importante centro de submarinismo en cuevas, con Aquatech, con base en el balneario Villas de Rosa *(ver p. 130)*.

6 Tulum
MAPA P6

Aunque es el mayor centro de la Riviera de submarinismo en cuevas *(ver pp. 58-59)*, las agencias también organizan salidas para bucear por los arrecifes cercanos *(ver pp. 22-23)*.

Buceando en una cueva en Tulum

Arrecifes « 53

7. Arrecifes alrededor de Cancún
MAPA K4 y K6

Pese a sus concurridas playas y al pequeño tamaño de los arrecifes, Cancún tiene mucho que ofrecer. Hay excursiones para bucear con tubo en la laguna Nichupté y por el arrecife cercano a Punta Nizuc *(ver pp. 12-13)*.

8. Playa del Carmen and Chunzubul
MAPA Q4

Playa es la base de varias agencias de submarinismo de primera categoría, que organizan grupos para visitar tanto los arrecifes cercanos como cualquier otro de la Riviera *(ver pp. 16-17)*.

Corales de Palancar, Cozumel

9. Palancar, Cozumel
MAPA Q6

Los cañones gigantes de esta extraordinaria cordillera de coral parecen precipitarse desde la superficie hasta las profundidades del océano. También son conocidos los cercanos arrecifes de Yucab y El Cidral por sus colonias de morenas y meros, y sus jardines de coral *(ver pp. 14-15)*.

10. Xpu-Ha
MAPA P5

Estos impresionantes arrecifes son el destino favorito de las agencias de submarinismo de Playa del Carmen. Abundan el pez ángel, el pez loro y el pez ballesta, junto con una gran variedad de corales *(ver p. 93)*.

TOP 10: PRINCIPALES ESPECIES MARINAS

1 Coral
Estas delicadas formaciones de gorgonias que salen del fondo del océano se mecen elegantemente.

2 Pepinos de mar
Estas criaturas en forma de tubo con una gruesa piel espinosa, pueden verse inmóviles, adheridas al fondo del mar o a las hendiduras de los corales.

3 Pargos
Entre los peces más comunes se encuentran la rabirrubia, el pargo de aleta negra y otros moviéndose en enormes bancos.

4 Pez ángel
Este espectacular pez tiene un cuerpo con forma de abanico, con luminosas franjas azules y amarillas.

5 Pez sargento
Estos rápidos pececillos se reconocen gracias a sus rayas verticales amarillas y negras.

6 Pez erizo
Este curioso pez se infla tomando agua para disuadir a sus atacantes.

7 Pez loro
Hay diversas variedades y tamaños, la mayoría de alegres colores y de aspecto amistoso.

8 Rayas
En algunos de los arrecifes de Cozumel son habituales las rayas moteadas, que ondean sus aletas.

9 Barracudas y tiburones
Se pueden encontrar algunas especies en los alrededores de los arrecifes de Yucatán; no se tiene constancia de que hayan atacado al hombre.

10 Tortugas
Actualmente en peligro de extinción, acuden a desovar a las playas del sur de la Riviera.

Tortuga de mar

🔟 Reservas naturales

Hermosas lagunas de Isla Contoy

① Isla Contoy
MAPA H1

Esta isla-reserva deshabitada situada al norte de isla Mujeres es el hogar de una enorme variedad de aves marinas, incluidos pelícanos, piqueros y pájaros fragata. Tiene manglares, playas donde crían las tortugas y unas magníficas lagunas con corales. Varias agencias y tiendas de submarinismo de la isla y Cancún organizan excursiones; se recomienda comprobar lo que incluye el precio (ver p. 21).

② Los Petenes, Campeche
MAPA A4 ▪ Se pueden alquilar barcos en Isla Arena; en Campeche se ofrecen excursiones

El norte del Estado de Campeche está conformado por lagunas con manglares y *petenes*, unas islas de tierra firme dentro de los pantanos, con microclimas propios. En la zona habitan flamencos, ciervos e incluso pumas.

③ Puerto Morelos
MAPA R3

El arrecife de Puerto Morelos, un parque marino protegido, es una de las zonas mejor conservadas de coral cercanas al continente. Buceando con tubo se puede disfrutar de su espectacular vida marina (langostas, esponjas gigantes, luminosos peces loro y peces ángel). Las agencias de la ciudad ofrecen excursiones para bucear cumpliendo con un mínimo impacto ambiental (ver p. 52).

④ Reserva de la Biosfera Sian Ka'an
MAPA F6

La reserva más grande con diferencia de Yucatán es una inmensa extensión de bosque, manglares y lagunas, que ofrece la experiencia de visitar la naturaleza en estado puro. Las excursiones para recorrer la reserva parten de Tulum (ver pp. 26-27).

Garza pico de bota, Sian Ka'an

⑤ Punta Laguna
MAPA N4 ▪ todos los días

Aunque los monos araña son comunes en Yucatán, es difícil llegar a verlos. Este pequeño pueblo-reserva cercano a Cobá y rodeado de bosque, es uno de los lugares donde encontrarlos. Los lugareños acompañan a los turistas a los puntos más probables para avistarlos; el mejor momento del día es a primera hora de la mañana y de la tarde (ver p. 94).

Reservas naturales « 55

Bandada de flamencos despegando de un arroyo en Río Lagartos

⑥ Río Lagartos
MAPA F1

Esta enorme y estrecha laguna que se extiende a lo largo de la costa norte de Yucatán está rodeada de ensenadas, manglares y salinas. Se tiñe de rosa con la colonia de más de 20.000 flamencos que acude a ella todos los agostos, durante la temporada de cría. Desde Río Lagartos y la cercana San Felipe se organizan excursiones en barco *(ver pp. 61 y 102)*.

⑦ Bocas de Dzilam
MAPA D1 ■ Los pescadores de Río Lagartos, San Felipe y Dzilam Bravo cubren el viaje a las lagunas ■ La excursión dura un día completo

Mucho más retirada, esta gigantesca extensión deshabitada, de lagunas con manglares que se extiende al oeste de San Felipe también alberga colonias de flamencos, una gran variedad de aves y demás fauna salvaje. El viaje hasta aquí en barco por mar abierto constituye una auténtica aventura.

⑧ Celestún
MAPA A3

Las colonias de flamencos más conocidas de Yucatán se encuentran en la laguna que hay junto a este pueblo de la costa oeste. Desde el centro de turismo, las lanchas llevan a los visitantes hacia los flamencos, pasando junto a cabañas de pescadores. Es una auténtica delicia para los ornitólogos *(ver pp. 61 y 109)*.

⑨ Parque Punta Sur Eco Beach, Cozumel
MAPA R6

Este parque, que engloba una zona muy amplia en el extremo meridional de Cozumel, disfruta de una impresionante variedad de paisajes: bosque, dunas, playas con tortugas, arrecifes y lagunas con manglares. Es el hábitat de cocodrilos e innumerables aves. Hay torres de observación, un centro de información, un museo marítimo y un faro en lo alto de Punta Celaraín *(ver p. 15)*.

Cocodrilo, Parque Punta Sur Eco Beach, Cozumel

⑩ Uaymitún
MAPA C2 ■ Gratis (se agradecen donativos)

Para observar los pájaros en las lagunas del norte de Yucatán hay que subir a la torre situada junto a la carretera costera al este de Progreso; el acceso es gratuito y prestan prismáticos. Desde lo alto hay unas vistas espectaculares de los humedales hacia el sur y se pueden contemplar flamencos, patos, garcetas y, en invierno, aves migratorias.

🔟 Parques ecológicos y temáticos

1 Laguna Chankanaab, Cozumel
MAPA R5 ■ Horario: 8.00-18.00 todos los días ■ Se cobra entrada

Este pequeño parque natural y de buceo, cercano a los arrecifes de Paraíso y Chankanaab *(ver p. 52)*, ofrece una maravillosa oportunidad de contemplar el mundo submarino nadando. Además incluye una playa, un jardín botánico y el centro Dolphin Discovery.

2 Aqua World, Cancún
MAPA K5 ■ Bulevar Kukulcán, km 15,2 ■ (998) 848 8326 ■ Horario: 7.00-20.00 todos los días ■ Se cobra por cada actividad ■ www.aquaworld.com.mx

Este centro de ocio de Isla Cancún ofrece recorridos por la selva, paseos submarinos, esquí acuático, buceo, pesca, parapente, cruceros con cena y excursiones a isla Mujeres y Cozumel.

Buceando con botella en Aqua World

3 Wet'n Wild, Cancún
MAPA J6

El mayor parque acuático de atracciones de Cancún alberga un delfinario un río de corrientes tranquilas de 320 m y un parque infantil. Pero su atracción principal es el parque acuático Wet'n Wild, con toboganes, cascadas y piscinas de olas para todas las edades *(ver pp. 64 y 82)*.

Parque Garrafón en Isla Mujeres

4 Parque Garrafón, Isla Mujeres
MAPA L2 ■ (1) 866 393 5158 ■ Horario: 8.30-18.30 (17.00 en invierno) ■ Se cobra entrada ■ www.garrafon.com.mx

Su principal atractivo es una amplia piscina natural de roca y coral. También tiene una piscina normal, arrecifes para bucear y plataformas cerca de la orilla. Las aguas tranquilas son buenas para principiantes, y hay rutas de paseos a pie y en bicicleta para cambiar de escenario.

5 Cenote Dos Ojos
MAPA P6 ■ Visitas con guía 9.00-16.30 (17.00 en invierno) ■ Se cobra entrada ■ www.cenotedosojos.com

Es uno de los sistemas de cuevas submarinas más largos del mundo. Los visitantes pueden bucear en las aguas cristalinas de la cueva *(ver p. 23)*.

6 Xplor
MAPA Q4

A 6 km del sur de Playa del Carmen, Xplor es el mayor parque de aventuras de la Riviera Maya. Más de 13 tirolinas sobrevuelan por la jungla amerizando en las aguas frías. Vehículos anfibios que pasan por puentes, grutas y selva; balsas de

Parques ecológicos y temáticos « 57

remos que navegan por aguas cristalinas de cavernas subterráneas y ríos en los que se puede nadar entre estalactitas y estalagmitas *(ver pp. 80-81).*

⑦ Aktun-Chen
MAPA P5 ■ **(984) 109 2061**
■ **Horario: 9.00-17.30 todos los días**
■ **Se cobra entrada (precios según actividad)** ■ **www.aktun-chen.com**

Una polvorienta carretera que sale de la autopista, cerca de Akumal, se dirige en dirección oeste a través de una espesa jungla hasta un parque natural que se extiende alrededor de una enorme cueva y un cenote. Se puede nadar en el cenote o cruzarlo en tirolina, además de realizar un recorrido con guía a través de la impresionante cueva llena de estalactitas. En el exterior se pueden ver pájaros de colores, monos y jabalíes.

⑧ Xel-Ha
MAPA P6

Este parque de buceo, uno de los más populares, se construyó en una laguna costera natural y está especialmente indicado para los más pequeños. Aunque pueda parecer abarrotado, si se nada un poco más allá de las plataformas se siguen encontrando numerosos peces y corales para admirar tranquilamente. También hay hermosos recorridos por el bosque *(ver pp. 65 y 92).*

⑨ Dolphin Discovery
MAPA L1 ■ **(1) 866 393 5158**
■ **Los horarios varían** ■ **Se cobra entrada (precios según actividad)**
■ **Edad mínima 8 años**
■ **Es necesario reservar**
■ **www.dolphindiscovery.com**

Existen cuatro centros de este tipo en Cancún: en Isla Mujeres, en Tulum-Akumal (Cozumel) y en Costa Maya. Se puede nadar o bucear con los delfines.

⑩ Xcaret
MAPA G3 y Q4

Este genuino parque ecológico de la Riviera ofrece una magnífica introducción a la riqueza y variedad del entorno tropical *(ver pp. 18-19).*

Exuberante entorno natural de Xcaret

TOP 10 Cenotes y cuevas

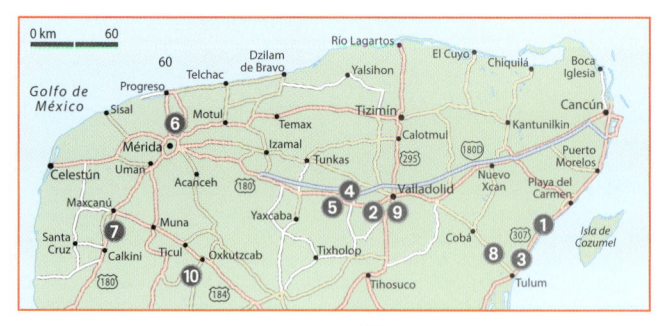

1. Cenote y parque ecológico Kantun-Chi
MAPA P5

Hay varios cenotes que pueden visitarse cerca de la autopista interior próxima a Xpu-Ha, de fácil acceso. Cerca de la carretera el Kantun-Chi, un gran cenote cubierto, pero con destellos de luz del sol, resulta refrescante para nadar. Otros hermosos cenotes son los cercanos Cristalino y Azul (ver p. 82).

Caverna piscina del cenote Samula

2. Cenote Samula
MAPA E3 ■ Dzitnup ■ Horario: 8.00-17.00 todos los días ■ Se cobra entrada

Otro cenote cercano al de Dzitnup. Cruzando una estrecha entrada hay un gran estanque de frescas aguas cristalinas y en medio de la cueva las raíces de una enorme ceiba, árbol asociado a los poderes místicos por los mayas.

3. Cenote Dos Ojos
MAPA P6

El nombre de esta enorme cueva se debe a sus dos grandes entradas que parecen ojos cuando se ven desde el cielo. Se extiende a lo largo de 563 km por un laberinto de cavernas y formaciones de piedra caliza externo y es considerado uno de los sistemas de cuevas sumergidas más largo del mundo, aunque el cercano cenote Nohoch Nah Chich sea tal vez más extenso. Los buceadores inexpertos lo aprovechan mejor haciendo recorridos guiados (ver p. 56).

4. Cuevas Balankanché
MAPA E3 ■ Horario: todos los días, solo visitas con guía ■ Se cobra entrada

Además de por cenotes y ríos subterráneos, el subsuelo de Yucatán está horadado por una enorme red de cuevas secas que constituían lugares sagrados para los mayas. Balankanché, cerca de Chichén Itzá, es una de las redes de cuevas más larga e impresionante (ver p. 100).

5. Cenote Sagrado, Chichén Itzá
MAPA E3 ■ Se cobra entrada como para Chichén Itzá

Este gigantesco pozo sagrado de Chichén (ver p. 29), durante mucho tiempo se utilizó para la celebración de ritos, en los que el cenote quizá representara un canal hacia el infierno. El agua potable que abastecía a la ciudad no provenía de aquí, sino del cenote Xtoloc, cerca de El Caracol.

Cenotes y cuevas

⑥ Cenote Xlacah, Dzibilchaltún
MAPA C2 ▪ Horario: 8.00-17.00 todos los días ▪ Se cobra entrada

Este amplio y profundo cenote que abastecía de agua a la ciudad de Dzibilchaltún es un lugar muy popular para ir a nadar. Aunque los domingos suele llenarse de gente *(ver p. 110)*.

⑦ Calcehtok
MAPA B3

Estas cuevas poco conocidas cercanas a las ruinas mayas de Oxkintok *(ver p. 112)* son de las más extraordinarias de la región. Su cámara principal es tan grande como para albergar árboles de gran tamaño y está llena de pájaros.

⑧ Gran Cenote
MAPA N6 ▪ Horario: 8.00-17.00 todos los días ▪ Se cobra entrada

El más agradable de los diversos cenotes que hay a lo largo de la carretera que une Tulum y Cobá, tiene unas tranquilas aguas cristalinas. Los buceadores pueden recorrer su enorme cueva abovedada y bajar por un túnel.

⑨ Cenote Dzitnup
MAPA E3 ▪ Dzitnup, 5 km al oeste de Valladolid ▪ Horario: 8.00-17.00 todos los días ▪ Se cobra entrada

Esta enorme catedral de piedra caliza contiene el más famoso de todos los cenotes en los que se puede nadar. Tras entrar por un estrecho túnel, se llega a una impresionante cámara con un estanque de maravillosas aguas turquesas. Es raro que esté abarrotado fuera de la hora punta, las 11.00 *(ver p. 101)*.

Espectaculares cuevas Loltún

⑩ Cuevas Loltún
MAPA C4 ▪ Horario: todos los días, solo visitas con guía ▪ Se cobra entrada

Un sistema de cuevas próximo a las ciudades Puuc y a su vez una de las de mayor historia de Yucatán *(ver p. 37)*. Sus cámaras están repletas de formaciones rocosas y restos mayas *(ver p. 111)*.

Piscina perfecta del cenote Dzitnup

📐 **Rutas menos frecuentadas**

Tranquila playa de Punta Allen

1 Punta Allen
MAPA G5

Aunque el mal estado de las carreteras provoca un bajo nivel de visitantes, el camino que lleva hasta Sian Ka'an (solo accesible en vehículos con tracción a las cuatro ruedas) conduce hasta un pueblecito pesquero de calles de arena y palmeras gigantes, y unos cuantos restaurantes agradables y alojamientos acogedores. Los guías locales ofrecen excursiones para bucear, contemplar las aves y pescar *(ver p. 26)*.

2 Río Lagartos y San Felipe
MAPA E–F1

Estos pueblos, conocidos por las espectaculares bandadas de flamencos de la laguna que se encuentra al este *(ver p. 55)*, atraen a los visitantes por su ambiente tranquilo. También cuentan con magníficas marisquerías, agradables hotelitos y, en San Felipe, unas maravillosas vistas de las puestas de sol *(ver pp. 55 y 102-103)*.

3 Puerto Morelos
MAPA R3

Pese a su proximidad a Cancún, esta joya del Caribe mexicano, con sus encantadoras playas, ha logrado conservar su ambiente apacible de pueblo de pescadores. Apenas tiene vida nocturna. Los pequeños hoteles y apartamentos ofrecen tarifas especiales para estancias prolongadas *(ver pp. 54 y 80)*.

4 Punta Bete
MAPA R4

El camino que sale de la autopista al norte de Playa del Carmen conduce a través de tres kilómetros llenos de baches hasta maravillosas playas de arena blanca y un mar turquesa perfecto. Aunque se han abierto algunos complejos hoteleros, todavía quedan grupos de tranquilas cabañas *(ver p. 129)* escondidas entre las palmeras *(ver p. 80)*.

Tranquila laguna de Río Lagartos y San Felipe

Rutas menos frecuentadas « 61

⑧ Akumal
MAPA P5

Aunque no sea una zona muy retirada, sus curvilíneas y largas playas están ocupadas únicamente por unos hoteles y apartamentos de pequeñas proporciones. Aquí resulta fácil encontrar espacios libres junto a un mar idílico, confort y magníficas instalaciones para bucear *(ver p. 88)*.

⑨ Celestún
MAPA A2

Los flamencos son la gran atracción de Celestún, aunque también alojarse en uno de sus pequeños hoteles permite disfrutar de un encantador pueblo tranquilo, cuando las excursiones de turistas regresan a Mérida *(ver pp. 55 y 109)*. Al norte de Celestún se extiende la apartada playa de Xixim *(ver p. 129)*.

⑤ Tulum
MAPA P6

Es el epítome del paraíso terrenal: chozas bajo las palmeras a tan solo unos pasos de un mar intenso, con la única compañía de las velas y las olas del mar durante la noche. Las cabañas más económicas, dispuestas en el extremo norte de la playa, son algo más ruidosas; para una tranquilidad absoluta es mejor dirigirse hacia el sur *(ver pp. 22-23)*.

⑥ Isla Holbox
MAPA G1

En caso de encontrar la Riviera demasiado bulliciosa, un largo recorrido en coche hacia el norte, desde la carretera Cancún-Mérida, lleva hasta el puerto de Chiquilá. Allí un ferri cruza la laguna, en la que se suelen ver delfines, y llega a la isla de Holbox. En ella se pueden disfrutar de un simpático pueblecito con una larga playa desierta y algunos sitios muy tranquilos para alojarse *(ver pp. 51 y 83)*.

Piscina del hotel Temozon Hacienda

⑩ Hoteles Hacienda

Estos hoteles, que se encuentran por todo Yucatán, ocupan antiguas haciendas coloniales rehabilitadas y ofrecen un atractivo retiro (a precios muy elevados). Todos cuentan con habitaciones de lujo rodeadas de jardines tropicales, con magníficas piscinas y buenos restaurantes *(ver pp. 127-128)*.

⑦ El Cuyo
MAPA F1

Con solo un hotel, dos grupos de cabañas en la playa y un par de establecimientos para comer un magnífico pescado fresco, este pueblo de pescadores de la costa del golfo está indicado para aquellos que deseen una playa para ellos solos *(ver p. 104)*.

TOP 10 Deportes y actividades

Espectacular vista aérea de un campo de golf en la zona de hoteles de Cancún

1 Golf
Club de Golf Cancún: (998) 883 1230 ▪ **Puerto Aventuras Golf Club:** (984) 873 5109 ▪ **Palace Resort** (01) 800 635 1836; www.palaceresorts.com

Hay dos campos de competición en Cancún, uno en Playacar y otro en Puerto Aventuras. Los hoteles pueden efectuar las reservas. También hay un club privado al norte de Mérida, en el que se puede reservar a través de los hoteles.

2 Navegar, windsurf y kayak
Aqua World: (998) 848 8327; www.aquaworld.com.mx

Isla Mujeres y Cozumel son los mejores lugares para alquilar embarcaciones. Los hoteles suelen disponer de lanchas para sus clientes. Un día navegando es una estupenda manera para explorar tramos menos conocidos de la costa. Isla Mujeres y Akumal son los mejores parajes para la práctica del windsurf; los alrededores de Puerto Morelos y Punta Solimán *(ver p. 95)* son idóneos para navegar en kayak.

3 Buceo
Scuba Cancun: (998) 849 7508; www.scubacancun.com.mx

En la Riviera Maya se encuentra el segundo arrecife más grande del mundo. Scuba Cancun ofrece la oportunidad de bucear en Cancún, Riviera Maya y Cozumel.

4 Pesca
Las condiciones de Yucatán tanto para la pesca en alta mar como costera son magníficas. Las lagunas del sur de la Riviera, junto a la bahía de la Ascensión, son visita obligada para los amantes de la pesca con mosca.
La temporada alta para pescar en alta mar es de marzo a junio.

5 Tenis
RIU Caribe Hotel: (998) 848 7850 ▪ **Hotel Omni:** (998) 848 7850

Numerosos complejos hoteleros cuentan con canchas de tenis. En Cancún, las canchas del hotel Omni están abiertas a todos, mientras que las del Hotel RIU Caribe son solo para residentes. El Club de Golf Cancún tiene dos canchas.

Practicando kayak en la Riviera Maya

Deportes y actividades » 63

⑥ Bicicletas
Los lugares más atractivos para pasear en bicicleta son Cancún, isla Mujeres, Tulum y Valladolid, que cuenta con un carril bici hasta el cenote Dzitnup *(ver p. 59)*. Varios hoteles de Cancún disponen de bicicletas y en las otras tres localidades hay tiendas que las alquilan.

⑦ Caída libre
Sky Dive Playa: (984) 873 0192; www.skydive.com.mx

Sky Dive Playa ofrece tener una vista aérea de la Riviera mientras se desciende unido por un arnés a un instructor, o por sí mismo si se tiene experiencia.

⑧ Recorridos aéreos
Aerosaab: (998) 865 4225; www.aerosaab.com ▪ Fly Tours Cancun: flytourscancun.com

Aerosaab, en Playa del Carmen, y Fly Tours Cancún en Cancún, ofrecen vuelos panorámicos sobre la Riviera, Chichén Itzá y otras partes de la península de Yucatán.

Paravelismo en Cancún

⑨ Paravelismo
Con el Skyder de Aqua World se puede sobrevolar Cancún. En playa de Cancún y Playa del Carmen hay agencias que ofrecen opciones más sencillas.

⑩ Excursiones por la jungla
Alltournative (888): 844 5010, www.alltournative.com ▪ ATV Explorer: (984) 873 1626; www.ATVExplorer.com

ATV Explorer, con base en Playa del Carmen, organiza recorridos en todoterreno por los bosques. Alltournative ofrece viajes en grupo en camionetas, todoterreno y kayak.

TOP 10: DESTINOS DE PESCA

Embarcaciones de pesca en Puerto Morelos

1 Cancún
Animado con centros como Aqua World que organizan excursiones *(ver p. 56)*.

2 Isla Mujeres
Muy apreciado por los entendidos en pesca en alta mar, con avezados capitanes que conducen hasta la pesca.

3 Cozumel
Una base de capitanes expertos en pesca en alta mar que también ofrecen excursiones a las marismas del interior.

4 Puerto Morelos
Aunque es menos conocido que las islas, sus profundas aguas cercanas a la costa ofrecen una pesca magnífica.

5 Playa del Carmen
Muchas de sus tiendas de submarinismo organizan salidas para pescar, sobre todo en temporada alta de pesca (mar-jun).

6 Puerto Aventuras
Es el centro de pesca más lujosamente equipado de la costa. Acoge un importante torneo de pesca en alta mar en mayo.

7 Boca Paila y Punta Allen
Los amantes de la pesca con mosca acuden a los alojamientos para pescadores que hay a lo largo de la carretera.

8 Isla Holbox
Es apreciado por los pescadores que buscan una pesca tranquila.

9 El Cuyo
Su único bar, La Conchita, es el lugar en el que contratar un barco y un guía. La especialidad de la costa norte es la pesca del tiburón.

10 Río Lagartos
Los pescadores de la zona muestran sus caladeros así como las lagunas con flamencos.

TOP 10 Atracciones para niños

① Wet'n Wild, Cancún
MAPA J6 ▪ Bulevar Kukulcán, km 25 ▪ (998) 193 2000 ▪ Horario: 10.00-17.00 todos los días ▪ Se cobra entrada ▪ www.wetnwildcancun.com

Es el parque de atracciones número uno de la región. Además de las atracciones típicas, como la piscina de olas, el Bubba Tub, el Kamikaze, el Double Space Bowl y el Twister, la sección Wet'n Wild cuenta con un parque infantil con atracciones aptas para los más pequeños, que pueden unirse a la diversión *(ver pp. 56 y 82)*.

Familias buceando en Xcaret

② Xcaret
MAPA Q4 ▪ (998) 251 6560
▪ Horario: 8.30-22.30 todos los días
▪ Se cobra entrada
▪ www.xcaret.com

El primero y más famoso de los parques ecológicos reúne mucho para entretener a los niños. Aunque su río para bucear y piscina con delfines sean las estrellas, los niños también disfrutan con el zoo y los recorridos por el bosque *(ver pp. 18-19)*.

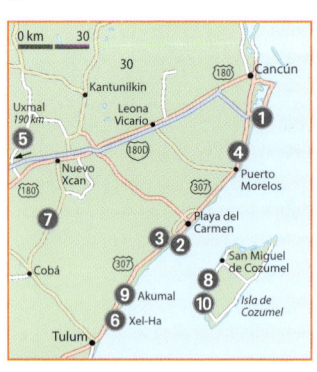

③ Río Secreto
MAPA Q4 ▪ (984) 877 2377
▪ www.riosecreto.com

Esta cueva subterránea y río está ubicado al sur de la Playa del Carmen. Es necesario traje de neopreno y casco para explorar el río que fluye a 25 metros por debajo de la superficie y ver las estalagmitas y estalactitas.

④ Parque de cocodrilos, Crococún
MAPA R3 ▪ Autopista 307, km 31
▪ (998) 850 3719 ▪ Horario: 9.00-17.00 todos los días ▪ Entrada 30 $ (60 años y más 18 $, menos de 6 años gratis)
▪ www.crococunzoo.com

En este pequeño zoológico de fauna salvaje se pueden contemplar más de 300 cocodrilos. Hay visitas con guía y se puede tocar y alimentar a las crías de cocodrilo, ciervo, mono, loro y animales menos comunes como el tepezcuintle o paca (un tipo de gran roedor).

⑤ Uxmal
MAPA C4

Las ruinas mayas no entusiasman a todos los niños por igual, pero la que casi siempre tiene éxito es Uxmal. No solo tiene un montón de escaleras y templos por los que correr, sino que también acoge una enorme cantidad de iguanas que primero se quedan inmóviles a causa de la sorpresa para, de repente, salir huyendo a toda velocidad. Aunque algunas son casi tan grandes como cocodrilos, todas son inofensivas *(ver pp. 34-37)*.

Atracciones para niños « **65**

⑥ Xel-Ha
MAPA P6 ■ (998) 251 6560
■ Horario: 9.00-18.00 todos los días
■ Se cobra entrada ■ www.xelha.com

Este parque de buceo es otra de las atracciones de la Riviera para las familias. Se puede bucear con tubo y nadar en su laguna de coral, o explorar su exuberante bosque *(ver p. 92)*.

⑦ Punta Laguna
MAPA N4 ■ Horario: todos los días

Aunque conseguir ver fauna salvaje autóctona en su entorno natural pueda requerir mucho tiempo y esfuerzo, en esta pequeña reserva del norte de Cobá se pueden avistar monos araña saltando entre los árboles con solo explorar un poco. En el recorrido, dirigido por guías locales, también se pueden contemplar ciervos, jabalíes y muchos tipos de aves *(ver pp. 54 y 94)*.

⑧ Laguna Chankanaab, Cozumel
MAPA R5 ■ Horario: 8.00-16.00 todos los días ■ Se cobra entrada

Se trata de uno de los lugares más divertidos y accesibles, incluso para los niños pequeños, para disfrutar de un primer acercamiento al buceo con tubo y a los tesoros submarinos del arrecife de Cozumel. Las aguas son muy tranquilas y hay abundante coral y vida marina cerca de la playa. En el mismo parque se encuentra además una laguna de coral y un centro Dolphin Discovery *(ver p. 56)*.

Niños jugando en Playa Mia

⑨ Laguna Yal-Ku, Akumal
MAPA P5 ■ Horario: 8.00-18.00 todos los días ■ Se cobra entrada

Esta piscina de roca con cristalinas aguas, situada en el extremo de la bahía de la Media Luna en Akumal, es una de las ensenadas coralinas naturales de la costa de la Riviera. Pocas veces se llena y resulta deliciosa para los niños. Es fácil ver los corales y peces de colores.

Piscina entre las rocas en Laguna Yal-Ku, Akumal

⑩ Playa Mia, Cozumel
MAPA R6 ■ Horario: del amanecer al anochecer todos los días ■ Se cobra entrada

Cozumel ofrece toda la diversión que proporciona la playa y el mar, además de restaurantes y tumbonas. Playa Mia cuenta con la mejor selección de ofertas para niños mayores (buceo, kayaks, lanchas y juegos de playa) y con un Kids' Club para los más pequeños.

TOP 10 Vida nocturna

1 Señor Frog's, Cancún
MAPA L4

A medida que se va poniendo el sol Señor Frog's se transforma en uno de los locales nocturnos más famosos de Cancún. Música en directo, DJs y karaoke crean un ambiente de fiesta que invita a bailar toda la noche. No hay que perderse el tobogán, así que se recomienda llevar bañador. Permanece abierto hasta primeras horas de la mañana *(ver p. 86)*.

Animado interior de Señor Frog's

2 La Santanera, Playa del Carmen
MAPA Q4

Bien situado cerca de las avenidas principales de Playa del Carmen, este club presenta dos niveles separados con diferentes sonidos (música electrónica abajo, *house* arriba). Hay diversión para gente de todas las edades, que acuden a bailar, beber y disfrutar del buen ambiente *(ver p. 85)*.

3 Batey, Tulum
MAPA P6
■ Calle Cenauro
■ (984) 143 3616

En la puerta de este original bar encontrará un Escarabajo Volkswagen con pintura multicolor que ha sido convertido en un *guarapo* (exprimidor de zumo de caña de azúcar). Está justo al lado de la avenida principal y ofrece mojitos perfectamente combinados. Por la tardes hay tapas y música en directo.

4 Blue Parrot Beach Club, Playa del Carmen
MAPA Q4

Aunque playa del Carmen ha cambiado mucho desde la apertura de este primer bar de playa a principios de la década de 1990, el Parrot se ha mantenido como punto de encuentro número uno para conocer gente. Siempre disfruta de un ambiente animado, además de ofrecer una fabulosa vista de la luna sobre el mar *(ver p. 85)*.

5 Cenas en cruceros, Cancún
MAPA K3 ■ Cancún Lovers, Marina Aquatours, Bulevar Kukulcán, km 6,25
■ (998) 193 3370

Para aquellos que deseen una experiencia más tranquila, otra de las especialidades de Cancún son las noches con espectáculos en directo, juegos, cena y baile al son de las bandas, todo ello a bordo de un barco que navega por las aguas de Laguna, Nichupté o isla Mujeres. Cada embarcación ofrece una ambientación temática: Cancún Queen de Aqua World *(ver p. 56)*, es como un viejo bote de río con ruedas en la popa; el Columbus, con cena de langosta, es una réplica de una carabela; mientras que la noche del Capitán Hook se desarrolla en un barco pirata *(ver p. 85)*.

6 Carlos'n Charlie's, Cozumel
MAPA R5

Este bar-restaurante perteneciente a la cadena Anderson, que cuenta con locales por todo México (como Carlos'n Charlie's, Señor Frog's y El Shrimp Bucket). Esta sucursal de Cozumel en el centro comercial Punta Langosta es una de las mayores *(ver p. 97)*.

Carlos'n Charlie's, Cozumel

Vida nocturna « **67**

⑦ Diablito Cha Cha Cha, Playa del Carmen
MAPA Q4

Este elegante bar, con suelo de azulejos negros y blancos contrastan con los muebles rojos y verdes, una alusión a los colores de la bandera mexicana. Mientras se disfruta de un Martini y un aperitivo se puede escuchar desde música ecléctica a electrónica *(ver p. 86)*.

⑧ Pancho's, Mérida
MAPA C2

Aunque el ambiente nocturno de Mérida suele ser mucho más tranquilo que el de la Riviera, Pancho's, con una decoración que imita una cueva de bandidos mexicana, es el local más animado del centro de la ciudad. Su simpático personal hace que divertirse sea fácil y, además, hay una pista para bailar bajo las estrellas al fondo del local *(ver p. 114)*.

⑨ Coco Bongo, Cancún
MAPA L4

El mejor de todos los mega-clubes de Cancún tiene varios pisos con pistas en los que se escucha todo tipo de música: *techno,* rock, música latina, tanto con pinchadiscos como con bandas en directo; además dispone de una zona para comer. Organiza extravagantes noches temáticas, espectáculos en directo y otras sorpresas *(ver p. 85)*.

Espectáculo en Dady'O, Cancún

⑩ Dady'O, Cancún
MAPA L4

Este enorme local situado frente al Coco Bongo sigue siendo el más popular entre los estudiantes estadounidenses y siempre ofrece un ambiente animado, además de celebrar fiestas temáticas. En la puerta de al lado se encuentra el Sweet, un local algo menor con un bar-restaurante, que ofrece actuaciones en directo, diversiones y juegos *(ver p. 85)*.

Exterior del famoso club nocturno Coco Bongo en Cancún

🔟 Platos de Yucatán

La picante Cochinita Pibil

1. Cochinita Pibil

En este contundente plato, que se remonta a la época precolombina, se envuelve el cerdo marinado en lima, naranja amarga y *achiote* (una mezcla picante de hierbas secas) con hojas de plátano y se cocina en cazuela de barro. Sabroso y además muy versátil, ya que puede servirse como plato principal o como relleno de tacos. También es frecuente el pollo pibil.

2. Puchero

El puchero, que se suele comer los domingos, es un estofado que se encuentra a lo largo de Latinoamérica, pero su origen es español. En la Península de Yucatán normalmente lleva cerdo, ternera, pollo y vegetales. Se condimenta con pimienta y canela, y se completa con una guarnición de chile habanero, naranjas, cilantro y rábanos.

3. Poc-Chuc

Una de las especialidades más características de la cocina yucateca es el marinado. Este delicioso plato consiste en cerdo marinado en zumo de naranja amarga (originarias de la región), cocinado con cebollas, hierbas y ajo, y servido con frijoles. Es un plato muy popular que mezcla sabores dulces y salados. Todavía se discute si es autóctono o una creación del restaurante La Chaya Maya de Mérida *(ver p. 71)*.

4. Pollo Oriental de Valladolid

El gran orgullo de Valladolid es este plato que ofrece cuartos de pollo cocinados en cazuela con ajo, cebolla, clavo y una mezcla de chiles picantes y dulces, todo ello rehogado en una mezcla de aceite de maíz y zumo de naranja amarga. Es otra de las especialidades que mezclan sabores dulces y salados. También existe una versión con pavo.

5. Relleno Negro

Esta receta se compone de cerdo, pimientos, huevo duro rallado, hierbas, especias y una potente mezcla de chiles que se ponen a cocer juntos para conseguir una espesa y deliciosa salsa. Se suele servir con pavo (o *guajolote*), la carne típica de la región.

Clásico pollo con mole

6. Pollo con Mole

Un clásico de la cocina de México central. Consiste en pollo frito cubierto de mole, una espesa, picante y sabrosa salsa de chocolate. Es una de las formas más antiguas de utilizar el chocolate; su sabor combina maravillosamente con carnes muy especiadas.

Platos de Yucatán » 69

⑦ Crepas de *Chaya*

La *chaya* es una verdura originaria de Yucatán con sabor semejante al de la espinaca. Aparece tanto en los platos tradicionales como en la cocina contemporánea, en esta última se cocina con ajo como relleno de crepes cubiertos de salsa de queso. La *chaya* se emplea también en la confección de bebidas *(ver p. 71)*.

Camarón al mojo de ajo

⑧ Camarón al Mojo de Ajo

A lo largo de toda la costa se pueden encontrar restaurantes de pescado y marisco. Una de las formas más sencillas y deliciosas de preparar tanto el camarón como el caracol es freírlo al mojo de ajo, es decir, al ajillo.

⑨ Sopa de Lima

Esta sopa, uno de los platos más clásicos de la cocina yucateca, se elabora con pollo deshuesado y cortado en tiras. Se cuece a fuego lento con cilantro, cebolla, hierbas, especias y concentrado de limas dulces de la región. Al servir se le añade un toque crujiente con tiras secas de tortilla.

⑩ Arroz con Pulpo

Otra de las especialidades de Campeche es una deliciosa ensalada templada que resulta mucho más ligera que el resto de los platos locales para los días calurosos. El arroz se mezcla con trozos de pulpo, pimientos rojos, cebolla, cilantro y otras hierbas, y a menudo con mango, papaya y otras frutas que dan como resultado una refrescante mezcla de sabores.

TOP 10: APERITIVOS Y COMIDA DE CALLE YUCATECA

1 Ceviche
Pescado y marisco crudo marinado en zumo de limón o lima, y servido con ensalada, especias y mucho cilantro.

2 Cócteles de marisco
Por lo general, consisten en ceviche de pescado o marisco servido en vaso y aderezado con una especie de vinagreta.

3 Papadzules
Un plato maya de lonchas de huevo cocido con una salsa dulce de semillas de calabaza y envuelto en tortillas que a menudo se acompañan de salsa de tomate.

4 Panuchos
Unas pequeñas y crujientes tortillas fritas cubiertas de refrito de frijoles y con generosas tiras de pollo, cebolla, aguacate y chiles.

5 Salbutes
Semejantes a los panuchos, pero elaborados con una base más gruesa y esponjosa.

6 Enchiladas
En el sur de México estos rollos de tortilla con diferentes rellenos se suelen servir con una sabrosa salsa de mole.

7 Tacos
Pequeñas tortillas enrolladas con más de mil rellenos posibles. En los puestos se venden ya enrollados pero en las taquerías se dan extendidos.

8 Fajitas
Carne o marisco frito en sartén que se sirve junto a cebollas, refrito de frijoles, salsa de chiles, guacamole y tortillas.

9 Quesadillas
Pequeñas tortillas dobladas y rellenas de una mezcla de quesos y, a veces, jamón, acompañadas de diversas salsas.

10 Tortas
Pequeños bollos de pan con rellenos variados.

Quesadillas rellenas

Dónde comer

El agradable patio del restaurante La Habichuela en Cancún

1. La Habichuela, Cancún
Excelente cocina yucateca y mexicana presentada con toques originales y servida en un jardín tranquilo y exuberante. Entre sus platos típicos: *Cocobichuela*, camarones y langosta con salsa de curry servida con arroz de coco (ver p. 87).

2. El Marlin Azul, Mérida
Es fácil pasarse esta marisquería. Se debe buscar un toldo azul y a gente encaramada en el mostrador disfrutando de algunos de los mejores mariscos de la ciudad, que llegan en camiones todos los días desde Celestún (ver p. 115).

3. Los Pelícanos, Puerto Morelos
Mirando a la playa desde lo alto, este establecimiento sin pretensiones es una institución local que sirve uno de los mejores ceviches que pueden encontrarse, además de generosos platos de marisco (ver p. 87).

4. Kinich, Izamal
Oculto en un apartado jardín cercano a una de las pirámides mayas mayores de Izamal, en este establecimiento se puede probar toda la variedad de especialidades yucatecas como la cochinita pibil, el pavo con relleno negro y la magnífica sopa de lima (ver p. 107).

5. La Parrilla, Cancún
En este restaurante, el arte mexicano y la música crean un ambiente idóneo para las deliciosas especialidades locales, entre ellas platos mayas. Presenta un ambiente cálido, buena comida y precios asequibles, que le han hecho merecedor de un gran éxito y lo convierten en un local muy imitado en toda la Riviera (ver p. 87).

6. Hartwood, Tulum
En este restaurante de moda, dirigido por un restaurador de Nueva York dedicado a la cocina sostenible y ecológica, todo se cocina sobre un fuego. Los sabrosos y creativos menús cambian cada día dependiendo de los productos de temporada disponibles (ver p. 99).

Cena al aire libre en Hartwood, Tulum

Dónde comer « **71**

⑦ Casa de Piedra, Xcanatún

Ingredientes y tradiciones yucatecos y caribeños se mezclan con los sofisticados estilos europeos. La delicada sopa de lima, una habitual de la carta, se combina con creaciones originales como la crema de chile poblano con roquefort *(ver p. 115)*.

⑧ Ku'uk, Mérida

Situado en una gran mansión de Mérida, Ku'uk es un lujo que vale la pena donde se ofrece un excelente menú de degustación de alta cocina. El chef Pedro Evia usa ingredientes tradicionales y productos locales para crear innovadores platos que permiten vivir una experiencia inolvidable. El menú, que cambia regularmente, se complementa con sofisticados cócteles *(ver p. 114)*.

Interior de La Chaya Maya

⑨ La Chaya Maya, Mérida

Un restaurante alegre y muy poular especializado en cocina yucateca. El personal viste el traje maya tradicional, y se sirven platos locales como puchero, poc-chuc y sopa de lima *(ver pp. 68-69)*. Tiene dos sucursales en el centro de la ciudad *(ver p. 115)*.

⑩ La Pigua, Campeche

El mejor restaurante de mariscos de la ciudad. Servicio impecable y un atractivo menú de gambas con coco, pulpo en salsa de ajo y pescado fresco con una variedad de salsas *(ver p. 99)*.

TOP 10: DESAYUNOS Y ZUMOS

Huevos Motuleños

1 Huevos Rancheros
El desayuno fuerte clásico: tortillas con unos huevos fritos cubiertos de salsa de tomate picante y servido con refrito de frijoles.

2 Huevos Motuleños
Como los anteriores pero con guisantes, jamón y queso rallado. A menudo se acompañan de rodajas de plátano frito.

3 Huevos Revueltos
Los huevos revueltos se suelen mezclar con cebollitas y pimiento rojo, o con jamón.

4 Huevos a la Mexicana
Estos huevos revueltos picantes llevan pimientos, chiles, cebolla picada y chorizo.

5 Chilaquiles
Crujientes pedazos de tortilla cocinados con una salsa de queso con tomate, cebolla, hierbas, chile y tiras de pollo o pavo.

6 Platillo de Fruta
Un gran plato de fruta fresca que, por lo general, incluye al menos piña, sandía, naranjas, plátanos y papaya.

7 Agua de Jamaica
Este producto local, tremendamente refrescante y delicioso, es una infusión de flor seca de Jamaica (una especie de hibisco) diluida.

8 Agua de *Chaya*
Otra infusión, esta vez proveniente de la verdura *chaya (ver p. 69)*, sabe mejor si se mezcla con agua y un poco de zumo de limón.

9 Licuados
Cualquier tipo de fruta como papaya, sandía, piña, etc., licuada y diluida con agua y hielo.

10 Raspados
Refrescantes zumos de frutas con hielo picado.

Precios ver p. 87

Cancún y Yucatán gratis

Retablo de San Bernardino Sisal

1. San Bernardino Sisal, Valladolid

MAPA E3 ▪ Parque de San Bernardino ▪ Horario: 9.00-20.00 mi–lu

Esta elegante iglesia franciscana, y antiguo convento, tiene un magnífico retablo del siglo XVIII y sus muros están cubiertos de evocadoras pinturas del siglo XVII *(ver p. 48)*.

2. MACAY, Mérida

MAPA C2 ▪ Pasaje de la Revolución ▪ Horario: 10.00-18.00 mi–lu ▪ www.macay.org

El Museo de Arte Contemporáneo Ateneo de Yucatán (MACAY) alberga una asombrosa colección de arte moderno, y exhibe obras de los principales pintores de Yucatán como Fernando Castro Pacheco y Fernando García Ponce *(ver pp. 32-33)*.

3. Vida nocturna en Mérida

MAPA C2

Cada noche de la semana, el centro de la ciudad ofrece al visitante una amplia oferta de música en vivo, bailes, espectáculos teatrales, películas y otros entretenimientos. Consulte la programación con las últimas novedades en la oficina de turismo de la ciudad *(ver pp. 32-33)*.

4. Talleres de artesanía de Izamal

MAPA D2 ▪ Varias localizaciones en la ciudad ▪ Horario: la mayoría abren aproximadamente de 10.00-14.00 y de 16.00-19.00 todos los días

Esta pequeña ciudad es famosa por sus artesanos, como talladores de madera, joyeros, fabricantes de hamacas y otras artesanías, que enseñan encantados sus talleres a los turistas. En la mayoría de los hoteles de la ciudad se dispone de mapas gratuitos con la ubicación de muchos de los talleres *(ver pp. 103 y 105)*.

5. Palacio Centro Cultural, Campeche

MAPA A5 ▪ Parque Principal ▪ Horario: 10.00-19.00 ma-sá ▪ (981) 816 7741

Este museo, que describe la tempestuosa historia de Campeche, ofrece exposiciones multimedia interactivas e innovadoras, incluyendo una réplica de un galeón español. Hay también un impresionante espectáculo de música y luces los fines de semana *(ver pp. 38-39)*.

Palacio Centro Cultural, Campeche

Cancún y Yucatán gratis « 73

6) Xlapak
MAPA C4

Las ruinas mayas de Xlapac son el más pequeño y menos visitado de los sitios arqueológicos de la ruta de Puuc. Hay un palacio restaurado con puertas decoradas con unas grandes y llamativas máscaras de Chac (el dios de la lluvia) *(ver p. 112)*.

7) Mercado de Oxkutzcab
MAPA C4 ■ Horario: desde las 7.00 todos los días

Esta encantadora ciudad de la época colonial, rodeada de granjas con huertos y frutales, alberga en su plaza principal uno de los más animados y coloridos mercados de la región.

8) Playa de Punta Bete
MAPA R4

Esta es una de las más pintorescas playas en la Riviera Maya, y está menos concurrida que la mayoría de las demás debido a que su camino de acceso está lleno de baches *(ver p. 60)*.

Participantes del carnaval de Yucatán

9) Carnaval

Aunque no llega al nivel de su más famoso y equivalente brasileño, el carnaval en México es todavía una fiesta colorida y bulliciosa. Cancún, Cozumel, y Mérida tienen las celebraciones más grandes de la región de Yucatán –imagine bailarines disfrazados, música en directo, y abundante buena comida y bebida. El carnaval tiene lugar la semana antes de la Cuaresma *(ver p. 74)*.

10) Catedral de Mérida
MAPA C2

Construida a finales del siglo XVI, la imponente catedral de Mérida es una de las más antiguas de Latinoamérica *(ver pp. 32-33)*.

TOP 10: CONSEJOS PARA AHORRAR

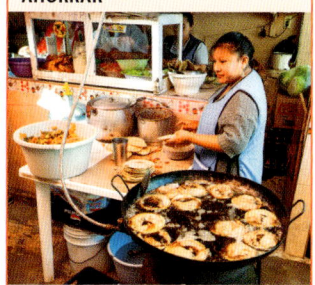

Sabrosa y barata comida callejera

1 Viaje en temporada baja: entre mayo y junio, y finales de noviembre y principios de diciembre, se ofrecen las mejores combinaciones de precio y clima.

2 El extenso sistema público de autobuses ofrece una manera barata de viajar por la región.

3 Es más barato alquilar un coche en una de las pequeñas compañías de Mérida que en una de Cancún.

4 Ahorre dinero usando pesos antes que dólares americanos.

5 A menudo las revistas locales gratuitas tienen cupones descuento para hoteles, restaurantes y otras diversiones.

6 Algunos monumentos nacionales ofrecen entrada gratuita los domingos para los propios mexicanos, y la entrada general a los museos y lugares históricos es generalmente más barata para los residentes mexicanos.

7 Los mercados y los puestos de comida son a menudo los lugares más baratos y con más ambiente para comer.

8 Reduzca el coste de los viajes y las excursiones viajando en grupo.

9 La mayoría de las compañías de buceo ofrecen descuentos para grupos si se hace reserva, o si se pagan varias inmersiones al mismo tiempo.

10 La mayoría de los bares de la Riviera Maya ofrecen un dos por uno cada noche durante algunas horas.

Moneda mexicana

📅 Festivales

① Fiestas de los Tres Reyes Magos, Tizimín
MAPA F2 ■ **Dos semanas a partir del 6 de enero**

La capital ganadera de Yucatán celebra una de las fiestas más importantes de la región. En ella se mezclan atracciones de feria, corridas de toros, música tradicional, bailes, coloridos desfiles y gran cantidad de comida y bebida.

② La Candelaria
MAPA E3 ■ **12 días en torno al 2 febrero**

La fiesta mayor de Valladolid, la Expo Feria, se celebra en torno a la fiesta de la Virgen de la Candelaria. Las mujeres visten sus trajes típicos bordados. Hay desfiles, conciertos, espectáculos y bailes gratuitos. Campeche también celebra otra fiesta menor.

③ Carnaval
Una semana antes de Cuaresma aproximadamente

Es la fiesta más grande y alegre del año en Yucatán. En Cancún y Cozumel las calles se llenan de música, baile, puestos de comida y un desfile en el más genuino estilo latino. De todos los carnavales del sur de México el más importante es el de Mérida.

④ Equinoccios en Chichén Itzá y Dzibilchaltún
21 mar, 21 sep

Los efectos visuales que tienen lugar en estas ciudades mayas, como el descendimiento del sol por las serpientes de El Castillo de Chichén y el impresionante amanecer a través del templo de las Siete Muñecas en Dzibilchaltún, se producen cada año en los equinoccios de primavera y otoño. Actualmente unas 80.000 personas acuden a Chichén para observarlo; en Dzibilchaltún suele haber menos gente (ver pp. 29 y 110).

Festival de Jazz de Cancún

⑤ Festival de Jazz de Cancún
Visite la web del festival para fechas (www.cancunjazz.com)

Este festival reúne una innovadora mezcla de intérpretes de Latinoamérica, Estados Unidos y Europa que ofrecen sobre todo jazz latino y fusión. En el parque de las Palapas, en Cancún, tienen lugar conciertos gratuitos.

⑥ San Miguel Arcángel, Cozumel
MAPA H3-4 ■ **20-29 sep**

La fiesta típica más importante de Cozumel está dedicada a su santo patrón, san Miguel. Los nueve días anteriores a dicha festividad hay procesiones, actividades infantiles y mucha música y baile.

Equinoccio en Chichén Itzá

Festivales « 75

7. Cristo de las Ampollas, Mérida
MAPA C2 ■ Semana anterior al 13 oct

Esta festividad religiosa tiene un carácter más serio, con procesiones que culminan el 13 de octubre cuando se saca la figura del Cristo de las Ampollas, guardada en la catedral de Mérida, para recorrer toda la ciudad antes de la celebración de una misa.

8. Día de Muertos y Día de Todos los Santos
31 oct-2 nov

Calaveras de azúcar, pan de muerto, flores cempasúchil (o flor del muerto) y adornos en forma de ataúdes son muestras de una de las fiestas más famosas de México, en la que la gente celebra el Día de Todos los Santos.

Día de Muertos. Calaveras de azúcar

9. Mérida en Domingo
MAPA C2 ■ Cada do

Cada semana, Mérida alberga esta fiesta abierta al público, en la que su plaza Mayor y calle 60 se cierran al tráfico para permitir el tránsito a personas y celebraciones.
Hay exhibiciones de baile con jarana frente al ayuntamiento, conciertos de pasacalles y gente bailando por todas partes.

10. Fiestas populares
Cada ciudad y pueblo de Yucatán cuenta con su propia fiesta, en la que sus calles se engalanan con guirnaldas y la música se escucha sin cesar. Se puede obtener información sobre cuándo y dónde se celebran estos festejos a través de oficinas de turismo, carteles o periódicos locales.

TOP 10: ARTESANÍA Y PRODUCTOS TRADICIONALES

Coloridas hamacas a la venta

1 Hamacas
Esta forma tan habitual de descansar en gran parte de Yucatán aparece incluso en versos de poetas locales.

2 Bordados
Las mujeres mayas realizan hermosos bordados de flores exuberantes en sus tradicionales *huípil*, pañuelos, manteles y demás ropa blanca.

3 Sombreros de panamá
Los mejores sombreros son los confeccionados en el norte de Campeche y el mejor lugar para comprarlos es Mérida.

4 Guayaberas
Estas elegantes camisas ligeras son consideradas una prenda formal en zonas tropicales y otorgan dignidad a los hombres de cualquier edad que las llevan.

5 Sandalias
En todos los mercados de Yucatán se pueden encontrar las típicas guarache, sandalias de piel.

6 Tallas de madera
Muchos pobladores mayas tallan figuras de madera con motivos antiguos.

7 Jícaras
Estos cuencos realizados con calabazas secas pintadas de brillantes colores, especialidad de Chiapas, también se venden en Yucatán.

8 Platería y joyas
En Yucatán se puede encontrar piezas de plata de Taxco, México central, además de ámbar de Chiapas.

9 Adornos y pájaros policromados
Los papagayos, tucanes y cajas de madera pintados de brillantes colores, ofrecen unas de las imágenes más alegres de México.

10 Cerámica
En Ticul se produce una enorme cantidad de piezas de barro, a veces realizadas según técnicas precolombinas.

Recorridos por Cancún y Yucatán

**El templo pirámide maya El Castillo dominando
las maravillosas playas de Tulum**

Cancún y el norte	**78**
Cozumel y el sur	**90**
Centro de Yucatán	**100**
Oeste de Yucatán	**108**

Cancún y el norte

Situada en lo alto de la Riviera Maya, Cancún es un enorme foco de atracción gracias a sus lujosos hoteles, centros comerciales y restaurantes animados, clubes nocturnos, parques temáticos y acuáticos, y demás diversiones dispersas a lo largo de una de las playas más hermosas del mundo. Hacia el sur se sitúa Playa del Carmen, una ciudad vacacional más moderna y homogénea a nivel urbanístico, y próximos a ella se encuentran los parques ecológicos dirigidos al turismo familiar, que ofrecen una introducción inolvidable a la naturaleza del tropical Yucatán. Si se busca otro tipo de turismo, en esta misma región se puede disfrutar de parajes como el apacible Puerto Morelos, la espectacular reserva de aves de Contoy y la tranquila isla Mujeres.

Leopardo, Xcaret

CANCÚN Y EL NORTE

- **Imprescindible** ver pp. 79-81
- **Dónde comer** ver p. 87
- **Compras** ver p. 84
- **Y además...** ver p. 82
- **Locales de copas y espectáculos** ver p. 86
- **Playas** ver p. 83
- **Vida nocturna** ver p. 85

Cancún y el norte

El arco de arena blanca y las aguas azules de la playa de Cancún

1 Playa de Cancún
MAPA L4-K6

Todas y cada una de las playas de la Riviera tienen la misma maravillosa arena blanca y fresca, pero los 23 km de playa de Cancún son sin duda la franja más hermosa de toda Cancún. A lo largo de ella, en la Zona Hotelera, se disponen los complejos hoteleros, centros comerciales y de ocio, deportes acuáticos, parques de buceo y de atracciones, además de las ruinas mayas de El Rey *(ver pp. 12-13)*.

Puerto Morelos

2 Puerto Morelos
MAPA R3

Este pequeño pueblo de pescadores era la mayor localidad de toda la costa antes del florecimiento de Cancún. Consiguió evitar la explotación urbanística y conserva un ambiente tranquilo, muy apreciado por los numerosos extranjeros que residen aquí o pasan el invierno en sus pequeños hoteles. Cuenta con una hermosa playa de arena blanca y con un magnífico arrecife cercano a la costa protegido como reserva marina. Hay agencias de buceo y pesca locales que ofrecen un buen servicio.

3 Ciudad Cancún
MAPA J3

Situada en el continente, en el extremo norte de Isla Cancún, Ciudad Cancún se creó durante la década de 1970, al mismo tiempo que la Zona Hotelera. No obstante, ha desarrollado un ambiente propio, y su gran avenida Tulum y las plazas y avenidas cercanas son muy agradables para explorar, con multitud de tiendas y buenos restaurantes de comida típica mexicana a buenos precios *(ver pp. 12-13)*.

4 Isla Holbox
MAPA G1 ▪ Pasajeros en ferri desde Chiquilá: 8.00-19.00 todos los días ▪ www.holboxisland.com

Esta pequeña península se ha convertido rápidamente en el sitio más de moda de Yucatán. Situada junto a una gran laguna llena de pájaros y delfines. Se accede tras un viaje de 15 minutos en ferri. Holbox es un pueblo increíblemente apacible en cuyas calles de arena hay pequeños hoteles y restaurantes. Hay una gran playa y, en temporada, sus aguas acogen las migraciones de tiburones ballena *(ver p. 61)*.

5 Punta Bete
MAPA R4

Situada entre Puerto Morelos y Playa del Carmen, casi sin señalizar y apartada del bullicio gracias en parte a su disuasoria carretera de acceso (3 km con baches a través de la jungla), esta zona posee largas filas de bahías bordeadas de palmeras. Hay unos pocos complejos hoteleros y unos grupos de cabañas de playa mucho más pequeñas y económicas *(ver pp. 60 y 83)*.

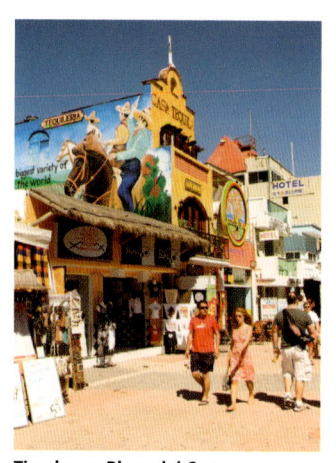

Tiendas en Playa del Carmen

EL CHICLE

Mucho antes de la aparición del turismo, el chicle constituía el principal negocio de esta región. Se descubrió en el siglo XIX, y se tomó como base el chicle natural que se encontraba en los árboles de sapodilla silvestre, autóctona de Yucatán. Pueblos como Puerto Juárez y Puerto Morelos se fundaron como centros de exportación del chicle, traído de los bosques del interior.

6 Playa del Carmen
MAPA R4

En esta ciudad turística de rápido crecimiento se puede disfrutar del ambiente más animado de toda la Riviera tanto de día como de noche. Los bares originarios y los locales para mochileros se mezclan con nuevos establecimientos hoteleros. Además de contar con unas playas maravillosas, es un buen lugar para bucear *(ver pp. 16-17)*.

7 Isla Mujeres
MAPA L1-2

Aunque se encuentra a un corto paseo en ferri desde Cancún, esta isla de 8 km de longitud, primer punto de desembarco de los españoles en México en 1517, tiene un ambiente muy diferente, con una ciudad pequeña, pocos hoteles grandes, una buena selección de alojamientos económicos y un ritmo tranquilo. Isla Mujeres es también un magnífico centro de pesca y de buceo con tubo, con un interesante arrecife de coral que se extiende junto a la costa *(ver pp. 20-21)*.

8 Isla Contoy
MAPA H1

La reserva de aves marinas más importante de México ocupa toda esta isla deshabitada. Su superficie está cubierta por manglares, playas y lagunas coralinas en los que anidan más de 50 especies de aves. También alberga áreas de cría de tortugas. Las tiendas de submarinismo de isla Mujeres ofrecen excursiones a Contoy *(ver pp. 20-21 y 54)*.

9 Xplor
MAPA Q4 ■ Autopista Federal 307, km 282 ■ (998) 251 6560 ■ Horario: 7.00-21.00 lu-vi (fines de semana hasta las 20.00) ■ Se cobra entrada ■ www.xplor.travel

Una excursión a Xplor es ideal para pasar un día

Playa de Isla Mujeres

Cancún y el norte « 81

en familia. Siete circuitos diferentes, que incluyen 14 tirolinas, 5 km de caminos para vehículos anfibios, que circulan por pistas de selva, puentes de cuerda y dos circuitos subterráneos; balsas de río y la oportunidad de nadar a lo largo de un río subterráneo entre formaciones rocosas impresionantes *(ver pp. 56-57)*.

Rafting en el río en Xplor

⑩ Xcaret
MAPA Q4

El mayor de todos los parques ecológicos de la Riviera ofrece una maravillosa introducción al entorno tropical de Yucatán. Su oferta de actividades permite disfrutar toda una jornada, por ejemplo, buceando y nadando con delfines o contemplando a los animales y las mariposas *(ver pp. 18-19)*.

DE CANCÚN A TULUM

▶ PRIMER DÍA

Se puede empezar en la zona más tradicional de Cancún con un desayuno mexicano en uno de los **28 restaurantes del Mercado** *(ver p. 87)* en el centro de la ciudad. Luego se puede alquilar un coche, dirigirse a la Zona Hotelera y recorrer el Bulevar Kukulcán.

Visite el fascinante **Museo Maya** *(ver p. 12)* y la evocadora ruina de **El Rey** *(ver p. 82)*. Deténgase en **Playa Delfines** *(ver p. 83)* por el surf y las espectaculares vistas de la Isla de Cancún.

Haga una pausa en **Puerto Morelos** *(ver p. 79)* para comer un ceviche con una cerveza fresca en **Los Pelícanos** *(ver pp. 70 y 87)* mientras observa a los pelícanos. Después de bucear en el arrecife de Puerto, continúe hasta **Playa del Carmen** *(ver p. 91)*. Vaya la playa y a las tiendas de Quinta Avenida. Cuando caiga la noche únase a la muchedumbre que pasea por la Quinta.

SEGUNDO DÍA

Después de desayunar diríjase hacia el sur hasta **Tulum** *(ver pp. 22-23)*. El camino le llevará por **Xplor** y **Xcaret**, así como por el glamoroso lugar de vacaciones **Puerto Aventuras** *(ver p. 91)*, y las maravillosas playas de **Xpu-Ha** *(ver p. 93)* y **Akumal** *(ver p. 92)*. En Akumal puede comer en **Tequilaville** *(ver p. 99)*. Al llegar a Tulum tómese un tiempo para explorar la ruina maya del acantilado, después pase el resto del día nadando tomando el sol en la playa, y más tarde disfrute de una cena cocinada en el fuego de **Hartwood** *(ver p. 99)*.

Ver mapa en p. 78 ←

Y además...

1. Playacar
MAPA Q4

Se trata de la zona más elegante de Playa del Carmen. Un aviario tropical se alza en medio de avenidas *(ver p. 62)*.

2. Ruinas de El Rey, Cancún
MAPA K5 ■ Horario: 8.00-15.00 todos los días ■ Se cobra entrada

Aunque era una ciudad maya relativamente pequeña, su disposición hace que resulte fácil imaginarse la vida cotidiana de sus antiguos pobladores.

Las evocadoras ruinas de El Rey

3. Ruinas de El Meco, Cancún
MAPA K2 ■ Horario: 8.00-15.00 todos los días ■ Se cobra entrada

Son las ruinas de una importante ciudad maya fundada hacia el año 300 d.C. Ostentan unas impresionantes tallas.

4. Cenote Kantun-Chi
MAPA P5 ■ www.kantunchi.com ■ Horario: 9.00-17.00 todos los días ■ Se cobra entrada

Los visitantes pueden disfrutar de un baño revitalizante. También hay una bonita caverna subterránea para explorar *(ver p. 56)*.

5. Wet'n Wild, Cancún
MAPA J6 ■ Bulevar Kukulcán, km 25 ■ (998) 193 2000 ■ Horario: 10.00-17.00 todos los días ■ Se cobra entrada

Este parque de atracciones acoge un delfinario y 320 m de río de aguas tranquilas. Alberga también el parque acuático Wet'n Wild *(ver p. 56)*.

6. Puerto Juárez y Punta Sam
MAPA K1-2

Estos pequeños puertos de ferri de pasajeros (Puerto Juárez) y coches (Punta Sam) hacia isla Mujeres *(ver pp. 20-21)* son los más antiguos de Cancún.

7. Acamaya
MAPA R3

Este lugar apartado permite al viajero descansar. Se encuentra al final de una carretera de playa llena de baches al norte de Puerto Morelos. Cuenta con un pequeño hotel tipo cabaña y una zona de acampada.

8. Parque de Cocodrilos Crococún
MAPA R3 ■ Autopista 307, km 31 ■ (998) 850 3719 ■ Horario: 9.00-17.00 todos los días ■ Se cobra entrada

Los cocodrilos son la mayor atracción del parque, pero también hay monos y loros, además de animales locales *(ver p. 64)*.

9. Punta Maroma
MAPA R4

Algunas de las bahías de Punta Maroma están reservadas para los clientes del lujoso retiro de Maroma *(ver p. 128)*.

10. Moon Palace
MAPA R3 ■ (998) 881 6000 o (877) 325 1531 ■ www.palaceresorts.com

Se trata de uno de los complejos vacacionales mejores y más lujosamente equipados de la Riviera. Situado al sur de Cancún, dispone de una zona propia de jungla *(ver p. 128)*.

Complejo balneario Moon Palace

Playas

Visitantes disfrutando de las aguas de la popular Playa Norte, Isla Mujeres

1 Playa Norte, Isla Mujeres
MAPA L1

Esta playa, la favorita de los amantes del relax, ofrece una compacta franja de arena blanca con una gran oferta de actividades desde patines, kayak y buceo con tubo, y unos magníficos bares bajo las palmeras.

2 Playa Gaviotas, Cancún
MAPA L4 ▪ Bulevar Kukulcán, km 9

Esta es una de las mejores playas del este de Cancún que se encuentra justo al lado de la zona de fiesta, por lo que es el lugar ideal para relajarse después de salir. Al lado se encuentra City Beach Club.

3 Playa Delfines, Cancún
MAPA K5 ▪ Bulevar Kukulcán, km 18

Un magnífico lugar para disfrutar sin aglomeraciones, tumbándose en sus enormes bancos de arena blanca junto al romper del océano. Se disfruta de una hermosa vista de las playas de Cancún hacia el norte.

4 Playa Secreto, Isla Mujeres
MAPA L1

Esta ensenada protegida, ancha y apartada del la playa Norte, resulta especialmente buena para los niños pequeños. Sus aguas son siempre tranquilas y la playa casi nunca está abarrotada.

5 Isla Holbox
MAPA G1

Con kilómetros de playa para elegir resulta el lugar ideal para los amantes de la tranquilidad absoluta *(ver p. 79)*.

6 Puerto Morelos
MAPA R3

Estupenda para nadar despreocupadamente. Cuenta con una magnífica playa blanca poco visitada y con un arrecife lleno de vida cercano a la orilla *(ver p. 79)*.

7 Playa del Secreto
MAPA R4

A un corto paseo hacia el sur de Puerto Morelos, esta larga y ancha playa de arena blanca se encuentra en su mayor parte bordeada por casas privadas, sin apenas hoteles, por lo que siempre es fácil encontrar sitio.

8 Punta Bete
MAPA R4

Uno de los lugares más bonitos de toda la Riviera, con palmeras, bahías de arena blanca y aguas turquesas. Las malas condiciones de su carretera de acceso consiguen mantenerla intacta *(ver p. 79)*.

9 Playa del Carmen
MAPA Q4

La playa principal de Playa del Carmen es el lugar en el que codearse con otros amantes del sol y mostrar las habilidades con el voleibol y demás deportes de playa *(ver pp. 16-17)*.

10 Chunzubul, Playa del Carmen
MAPA Q4

Caminando por la playa hacia el norte desde Playa del Carmen se accede a extensiones sin fin con playas nudistas y las mejores zonas para bucear. No deje sus pertenencias desatendidas en lugares realmente apartados *(ver pp. 120-121)*.

Ver mapa en p. 78

Compras

① La Casa del Arte Mexicano, Cancún
MAPA K3 ■ Bulevar Kukulcán, km 4

La tienda de este museo de arte popular en los terrenos de Xcaret vende artesanía de calidad, incluidos algunos divertidos juguetes.

② Forum by the Sea, Cancún
MAPA K4 ■ Bulevar Kukulcán, km 9,5 ■ Horario: 10.00-24.00 todos los días

En este centro lo esencial son las perfumerías, joyerías y marcas como Harley-Davidson y Zingara. También tiene un enorme Hard Rock Café.

③ Coral Negro, Cancún
MAPA L4 ■ Bulevar Kukulcán, km 9,5

Es un laberíntico bazar con joyerías y artesanía a pocos pasos del Forum. Se pueden encontrar bonitas piezas de artesanía típica, además de gran cantidad de baratijas.

④ Plaza Caracol, Cancún
MAPA K4 ■ Bulevar Kukulcán, km 8,5

Uno de los centros comerciales más grandes y variados de Cancún, con atractivas jugueterías, mucha ropa de playa, elegantes joyerías y una enorme variedad de restaurantes en un hermoso edificio lleno de luz.

⑤ La Isla, Cancún
MAPA K4 ■ Bulevar Kukulcán, km 12,5

El más moderno y elegante de todos los centros comerciales de la Zona Hotelera, construido con forma de isla artificial rodeada de canales venecianos, es el lugar para encontrar grandes firmas como Coach, Diesel y Zara.

⑥ Mercado 23, Cancún
MAPA J3 ■ Avda. Tulum en calle Cedro

Este colorido pequeño mercadillo es un destino donde la gente va a comprar carne, verduras, hierbas medicinales, e incluso productos para fiestas y piñatas.

⑦ Mercado 28, Cancún
MAPA J3 ■ Avda. Xel-Ha con Avda. Tankah

El mercado de la ciudad permite comprar al viejo estilo, con puestos llenos de *guaraches* (sandalias de piel) y sombreros de panamá, además de mostradores repletos de frutas y verduras, y un magnífico patio de puestos de comida *(ver p. 87)*.

⑧ Avenida Hidalgo, Ciudad de Isla Mujeres
MAPA L1

Esta calle mayor de la isla es también su principal centro comercial. Aquí y en la paralela avenida Juárez, pequeñas tiendas venden pájaros multicolores de madera, joyas hechas con concha y coral de la zona.

⑨ Super Telas, Playa del Carmen
MAPA Q4 ■ Constituyentes, Plaza Las Perlas

En esta original tienda ofrecen telas mexicanas de calidad con diseños tradicionales o exclusivos.

⑩ Caracol, Playa del Carmen
MAPA Q4 ■ Avda. 5 desde calle 6 a calle 84

Las especialidades de esta *boutique* son las telas y bordados de todo México, sobre todo de Chiapas, y de Guatemala.

Tiendas junto al canal en La Isla, Cancún

Vida nocturna

1. Coco Bongo, Cancún
MAPA L4 ■ Bulevar Kukulcán, km 9,5 ■ (998) 883 5061 ■ Horario: desde las 22.30 todos los días ■ Se cobra entrada

Este local, el más moderno y de tecnología más avanzada de Cancún, ofrece una variada selección de música *(ver p. 67)*.

Concierto de los Bingo Players, Palazzo

2. Palazzo, Cancún
MAPA L4 ■ Bulevar Kukulcán, km 9 ■ (998) 848 8380 ■ Horario: desde las 22.00 todos los días ■ Se cobra entrada

Este local organiza actuaciones en directo. Grandes equipos de sonido e iluminación, sinónimo de ostentación.

3. Dady'O, Cancún
MAPA L4 ■ Bulevar Kukulcán, km 9,5 ■ (998) 883 3333 ■ Horario: Dady'O, desde las 22.00 todos los días; Sweet, desde las 18.00 todos los días ■ Se cobra entrada

El favorito de los turistas estudiantiles. En la puerta del lado, Sweet ofrece frecuentes actuaciones en directo *(ver p. 67)*.

4. Captain Hook's Pirate Night, Cancún
MAPA K3 ■ El Embarcadero, Bulevar Kukulcán, km 4,5 ■ Horario: 18.30 todos los días ■ Se cobra entrada

Las cenas en un barco suelen ser más tranquilas que ir a clubes de Cancún, pero el Captain Hook, y su "tripulación pirata" siguen siendo estrepitosos *(ver p. 66)*.

5. Grand Mambo Café, Cancún
MAPA H3 ■ Plaza Hong Kong local 31 ■ (998) 844 4536 ■ Horario: desde las 22.30 mi-sá

Para soltarse la melena. En este local tocan grupos de música de la República Dominicana, Puerto Rico, Colombia, Cuba y de todo el Caribe

6. Cun Crawl, Cancún
MAPA L4 ■ Bulevar Kukulcán, km 9,5 ■ (998) 165 0699

Relájese o baile con las mezclas creativas de la música europea de los DJs en esta elegante discoteca.

7. The City, Cancún
MAPA L4 ■ Bulevar Kukulcán, km 9,5 ■ (998) 848 8385 (ext 115) ■ Horario: desde las 22.00 todos los días ■ Se permite ropa informal, pero no sandalias ni traje de baño ■ Se cobra entrada

Este enorme y moderno club nocturno incluye distintos ambientes.

8. La Santanera, Playa del Carmen
MAPA Q4 ■ Calle 4, entre 5ª y 12ª Avda. ■ (984) 803 2856 ■ Horario: desde las 23.00 todos los días ■ Se cobra entrada

Club de dos pisos que ofrece dos locales en uno. Cada noche hay música electrónica y *house* *(ver p. 66)*.

9. Blue Parrot Beach Club, Playa del Carmen
MAPA Q4 ■ Calle 12 Norte ■ (984) 879 4749 ■ Horario: desde las 23.00 todos los días ■ Se cobra entrada

Se puede bailar bajo las estrellas en este club de playa separado en dos locales. Hay pinchadiscos cada noche.

10. La Vaquita, Playa del Carmen
MAPA Q4 ■ Calle 12 Norte ■ (998) 848 8380 ■ Horario: 23.00-6.00 todos los días ■ Se cobra entrada

Este animado local nocturno, a pesar de su nombre no es en absoluto bucólico, pero tiene un hombre vestido de vaca que ofrece chupitos a la gente.

Ver mapa en p. 78

Locales de copas y espectáculos

1. La Madonna, Cancún
MAPA K4 ■ La Isla, Bulevar Kukulcán, km 12,5 ■ $$

Un bar-restaurante elegante situado en el centro comercial La Isla. Su decoración mezcla el barroco con el *art nouveau*.

Alux, situado en una curiosa cueva

2. Alux, Playa del Carmen
MAPA Q4 ■ Avda. Juaréz 217 ■ $$

Este restaurante bar está ubicado en el lugar más inusual de Playa: una evocadora cueva. Es un buen lugar para tomar una copa por la noche o cenar, a pesar de tener precios un poco altos. Por la noche DJs o jazz en directo.

3. Señor Frog's, Cancún
MAPA L4 ■ Bulevar Kukulcán, km 9,5 ■ $

Este local, junto a la laguna Nichupté, es uno de los más populares del grupo Anderson, presente en todo Cancún (*ver p. 66*). Siempre disfruta de un ambiente festivo, a menudo con bandas de rock.

4. El Pabilo, Cancún
MAPA J3 ■ Avda. Yaxchilán 31 ■ $

Este agradable café con ambiente bohemio ofrece un necesario respiro al ruido de los clubes nocturnos. Música en directo de músicos locales y cubanos expatriados los fines de semana.

5. Buho's, Isla Mujeres
MAPA L1 ■ Playa Norte ■ $

Es el bar de playa más divertido de toda isla Mujeres. En la arena, bajo la sombra del techo de palmas, a escasos pasos del agua, ofrece aperitivos mexicanos para acompañar a sus cócteles y cervezas heladas.

6. El Café Cito, Isla Mujeres
MAPA L1 ■ Avda. Juárez con Avda. Matamoros, Isla Mujeres ■ $

Este tranquilo local situado a pocas calles de la playa ofrece magníficos desayunos, y un café de primera y zumos frescos.

7. Mamita's Beach Club, Playa del Carmen
MAPA Q4 ■ En la playa en Calle 28 ■ $

Una de las mejores playas de Playa del Carmen es también el lugar más frecuentado para pasar el día, con hamacas de alquiler, DJ y margaritas.

8. Deseo Lounge, Playa del Carmen
MAPA Q4 ■ Hotel Deseo, Quinta Avenida, junto a la Calle 12 ■ $$

Un bar espectacular de metal y cristal. Su especialidad son los cócteles de la casa.

9. Pez Vela, Playa del Carmen
MAPA Q4 ■ Quinta Avenida, junto a la Calle 2 ■ $

Este famoso bar-restaurante con una enorme terraza constituye una de las señas de identidad de la Quinta Avenida. Su estilo se puede clasificar entre hippy y caribeño, con actuaciones de bandas de rock y reggae.

10. Diablito Cha Cha Cha, Playa del Carmen
MAPA Q4 ■ Calle 12 at Av 1 Norte ■ $

Con cómodos sofás y clientela elegante, este bar es ideal para tomar algo antes de ir a los clubes más grandes (*ver p. 67*).

Dónde comer

> **PRECIOS**
> Una comida de tres platos con cerveza o refresco (o equivalente), servicio e impuestos incluidos.
>
> $ menos de 15 $ · $$ 15-35 $ · $$$ más de 35 $

1. Le Chique, Cancún
MAPA R3 ■ Puerto Morelos km 27,5 ■ (998) 872 8450 ■ $$$

Gracias a sus platos clásicos, como la cochinita pibil *(ver p. 68)*, que atraen al paladar y a los ojos, Le Chique es un lugar perfecto para celebrar ocasiones especiales.

2. La Habichuela, Cancún
MAPA J3 ■ Calle Margaritas 25 ■ (998) 840 6240 ■ $$$

Especializado en marisco al estilo yucateco o mexicano tropical junto al parque de las Palapas *(ver p. 70)*.

3. El Chapulim, Isla Holbox
MAPA G1 ■ Avda. Tiburón Ballena ■ $$

La falta de menú no debería disuadir a nadie a la hora de probar este restaurante, que sirve el mejor marisco fresco de la ciudad y más de 25 variedades de cerveza mexicana.

4. La Parrilla, Cancún
MAPA J3 ■ Avda. Yaxchilán 51 ■ (998) 193 3973 ■ $$

Cada día la música de los mariachi crea un ambiente cálido. La Parrilla ofrece variedad de clásicos mexicanos como filetes a la parrilla, sopas y fondues *(ver p. 70)*.

La Parrilla, Cancún

5. Restaurantes del Mercado 28, Cancún
MAPA J3 ■ Avda. Xel-Ha y Avda. Tankah ■ No se aceptan tarjetas de crédito ■ $

En el patio del mercado de la ciudad los restaurantes colocan sus mesas bajo toldos. Aquí se puede comer por un buen precio y un ambiente animado platos típicos como el pollo con mole *(ver p. 68)*.

6. Da Luisa, Isla Mujeres
MAPA L1 ■ Avda. Jesús Martínez s/n ■ (998) 888 0107 ■ $$

Disfrute de las vistas mientras degusta un plato de fusión de cocina mediterránea y caribeña (marisco, pescado o pollo) en este tranquilo y romántico restaurante.

7. Los Pelícanos, Puerto Morelos
MAPA R3 ■ En la Plaza ■ $$

Disfrute de uno de sus famosos cócteles de marisco o de un sutil plato de pescado en uno de los mejores restaurantes de playa con terraza *(ver p. 70)*.

8. La Casa del Agua, Playa del Carmen
MAPA Q4 ■ Quinta Avenida, junto a la Calle 2 ■ (984) 803 0232 ■ $$$

Este elegante café, restaurante y galería de arte vigila la Quinta Avenida desde su terraza. Su carta ofrece una imaginativa cocina, mezcla de mexicana y europea.

9. Los Aguachiles, Playa del Carmen
MAPA Q4 ■ Esquina de Calle 34 y Avda. 25 ■ $

Un sencillo local para comer algo al aire libre donde se sirven un montón de deliciosos tacos y una selección aún más grande de salsas y condimentos con los que personalizarlos.

10. Las Brisas, Playa del Carmen
MAPA Q4 ■ Carretera Federal Cancún-Playa del Carmen ■ $$$

Esta gran terraza-restaurante de aspecto sencillo ofrece los mejores pescados de la ciudad.

Ver mapa en p. 78

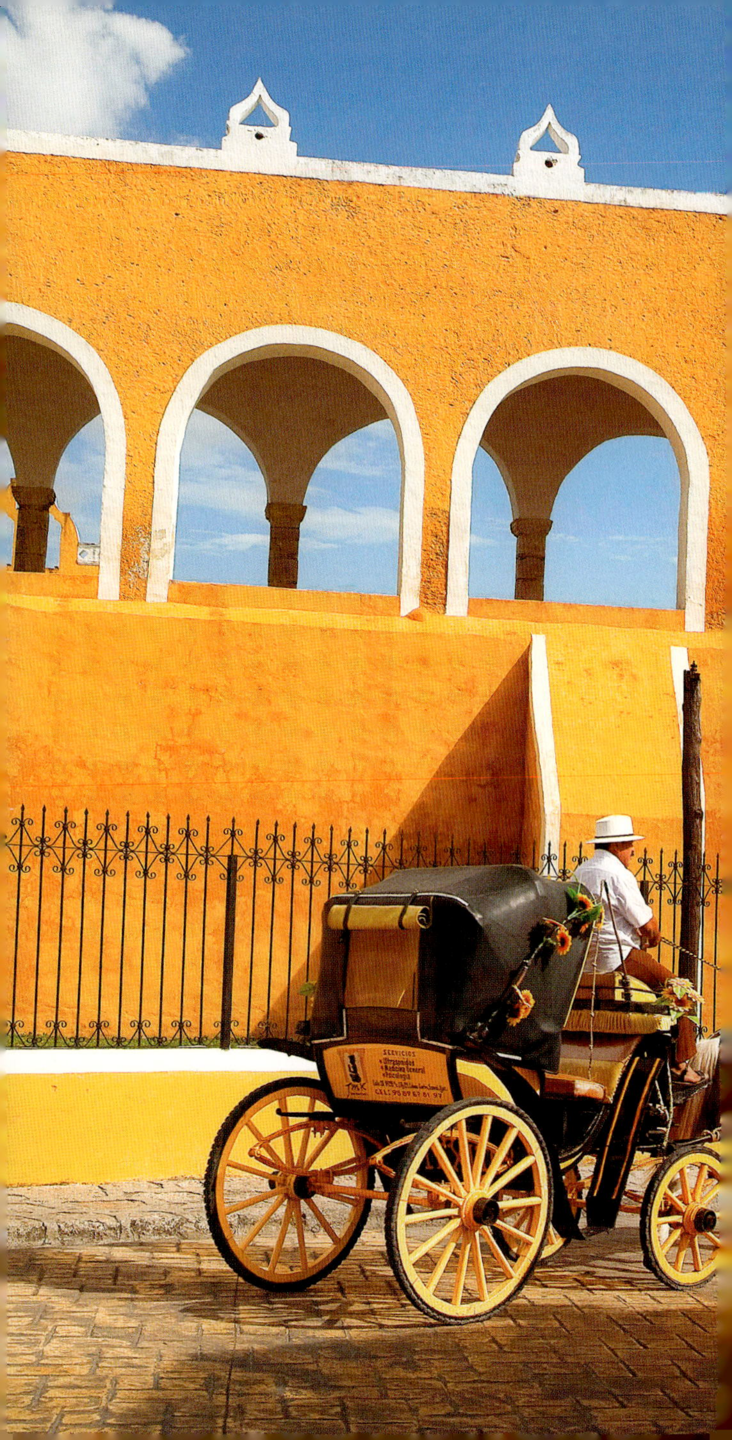
SERVICIOS

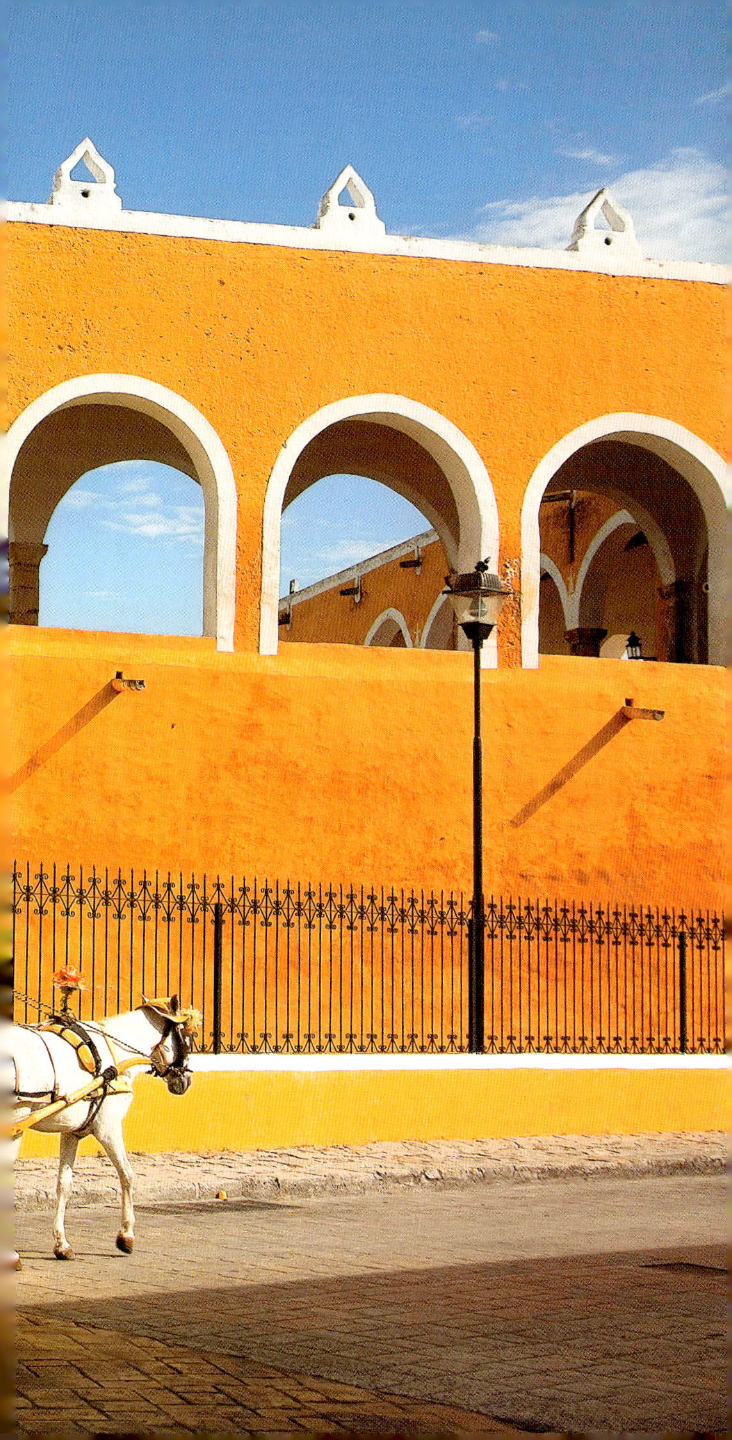

TOP 10 Cozumel y el sur

Aunque la franja más meridional de la Riviera sea la zona menos promocionada y urbanizada de esta costa, también ofrece gran variedad de alojamientos con la diferencia de que el ritmo de vida no es tan agitado y los rincones vírgenes son más remotos. Cercana a la costa, la isla de Cozumel disfruta de un ambiente relajante y unas magníficas oportunidades para bucear. En las costas del continente se extienden algunas de las más maravillosas playas del Caribe como las bahías de Xpu-Ha y de la Media Luna. Más hacia el sur, se encuentra la apartada playa de Tulum, con su templo maya, mientras que un poco más tierra adentro se levanta otro asentamiento maya, Cobá.

Sombrero

COZUMEL Y EL SUR

- ① **Imprescindible** ver pp. 91-93
- ① **Dónde comer** ver p. 99
- ① **Compras** ver p. 96
- ① **Y además…** ver p. 94
- ① **Locales de copas y espectáculos** ver p. 98
- ① **Playas** ver p. 95
- ① **Vida nocturna** ver p. 97

Páginas anteriores Carro tirado por caballos frente al monasterio de San Antonio en Izamal

Cozumel y el sur

1. Cozumel
MAPA R5

Las lujosas joyerías que se extienden a lo largo del paseo marítimo de San Miguel complementan el encanto informal de esta ciudad pequeña, lo que le ha convertido desde hace tiempo en la favorita del turismo familiar. Es un lugar magnífico para pasar una temporada tranquila. En los alrededores de la isla hay ruinas mayas, acantilados, un fascinante parque natural con fauna salvaje en Punta Sur, y unas playas maravillosas y parajes para bucear con tubo en la costa oeste *(ver pp. 14-15)*.

2. San Gervasio, Cozumel
MAPA R5 ■ **(998) 849 2885**
■ **Horario:** 8.00-16.00 todos los días
■ **Se cobra entrada**

En el centro de la isla se disponen las ruinas de la capital maya de Cozumel, conquistada por Cortés y sus tropas en 1519. Sus construcciones resultan pequeñas comparadas con las grandes ciudades mayas, pero son muchas y explorarlas recorriendo los bosques llenos de olores, flores y pájaros, lo convierten en un maravilloso paseo *(ver p. 15)*.

3. Puerto Aventuras
MAPA Q5

El complejo vacacional más grande y lujoso del sur de la Riviera es un pueblo de vacaciones construido alrededor de una ensenada convertida en un puerto bordeado de tiendas y restaurantes.
Cuenta con un bonito campo de golf de nueve hoyos y con el puerto deportivo mejor equipado de toda la Riviera. En otro punto del puerto se puede nadar con los delfines *(ver p. 21)*.

Ruinas en el acantilado en Tulum

4. Tulum
MAPA P6

Alberga las ruinas de una ciudad maya colgada de un acantilado, tiene una playa rodeada de palmeras de 11 km y un montón de creativos restaurantes y hoteles con encanto. Tulum es uno de los destinos más atractivos de la región, y es muy popular entre viajeros independientes que buscan lugares más tranquilos que Playa o Cancún. Hay buena pesca y zonas de buceo, y los alrededores están salpicados de cenotes para explorar *(ver pp. 58-59)*.

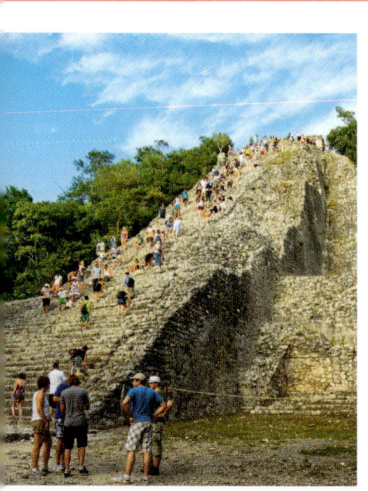

Visitantes en la pirámide de Cobá

⑤ Cobá
MAPA M5 ■ Horario: 8.00-17.00 todos los días ■ Se cobra entrada ■ www.inah.gob.mx

Esta enorme ciudad maya, que en el pasado acogió una población alrededor de 50.000 habitantes, fue la gran rival de Chichén Itzá. Se encuentra distribuida alrededor de varios grandes lagos. Para ver sus impresionanres construcciones hay que recorrer un exhuberante bosque. Aquí se encuentra la pirámide más alta de Yucatán *(ver p. 45)*.

⑥ Akumal
MAPA P5

Destino favorito entre los submarinistas por sus maravillosos arrecifes y cuevas para bucear, Akumal ha crecido de forma inteligente sin una excesiva urbanización. Se extiende a lo largo de varias hermosas bahías, entre las que destaca la de la Media Luna, con la deliciosa laguna Yal-ku *(ver p. 65)*. Dispone de más apartamentos, chalés y hoteles pequeños que de grandes complejos hoteleros. Las playas cercanas al pueblo Akumal son zona de cría de tortugas.

⑦ Xel-Ha
MAPA P6 ■ (998) 251 6560
■ Horario: 8.30-19.00 todos los días
■ Se cobra entrada ■ www.xelha.com

Una de las más impresionantes ensenadas de coral de la costa ha sido transformada en un parque acuático para bucear. Constituye una de las atracciones más populares de la Riviera; aunque los buceadores experimentados puedan encontrarlo aburrido, resulta ideal para familias. A su alrededor se extiende un bosque y una playa. A la salida del parque y cruzando la autopista se encuentran las ruinas mayas de Xel-Ha *(ver p. 94)*.

⑧ Arrecifes de Cozumel
El mayor tesoro de Cozumel son sus más de 20 arrecifes de coral que forman un fascinante mundo submarino

Gran variedad de vida marina entre los vibrantes corales de los arrecifes de Cozumel

Cozumel y el sur « 93

de cuevas, cañones y bosques coralinos llenos de vida: desde pepinos de mar y luminosos peces loro a elegantes rayas y algún tiburón. Sus aguas son de una transparencia casi absoluta. Los arrecifes de Chankanaab y Paraíso están cerca de la costa por lo que pueden disfrutarlos buceadores principiantes tanto con tubo como con botella *(ver p. 15)*.

LA *SACBÉ* DE COBÁ

Cobá fue el centro de la más extensa red de *sacbé* (o "vías blancas"), o calzadas de piedra mayas, de todo el mundo maya. Conectaban las distintas partes de la ciudad y la enlazaban con ciudades vasallas. Hacia el año 800 d.C. Cobá construyó la *sacbé* más larga de la que se tiene noticia, cubría los más de 100 km que la separaban de Yaxuná en el oeste.

⑨ Reserva de la Biosfera Sian Ka'an
MAPA F5-6

Sian Ka'an es la reserva natural de humedales más grande de México y Patrimonio de la Humanidad de la UNESCO. Se encuentra al final de la Riviera, justo al sur de Tulum. Su vasta extensión de manglares, jungla y playas prácticamente vírgenes, acoge una extraordinaria variedad de aves y otra fauna salvaje. La visita de un día que hacen las organizaciones locales permite observar la intrincada y sorprendente interacción de la naturaleza en este raro entorno. La costa ofrece maravillosos enclaves *(ver pp. 26-27)*.

⑩ Xpu-Ha
MAPA P5

A lo largo de estas siete amplias y hermosas bahías que se extienden a 3 km al sur de Puerto Aventuras, se encuentran algunas de las playas más idílicas de la Riviera, con unos arrecifes repletos de vida. Varias están ocupadas por complejos vacacionales. No obstante, dos de ellas (señalizadas como X-4 y X-7 en la autopista) siguen abiertas al público y en la X-7 hay algunas cabañas, un cámping y una tienda de submarinismo.

UN DÍA EN COZUMEL

Las Palmeras — San Gervasio
San Miguel de Cozumel
Laguna Chankanaab
Punta Santa Cecilia
Playa San Francisco
Chen Río
Parque Punta Sur Eco Beach
Punta Celarain

▶ MAÑANA

El día comienza con un desayuno, un café o un refresco en **Las Palmeras** *(ver p. 98)*, desde donde se contempla la llegada del ferri desde Playa del Carmen. Luego se puede caminar a lo largo del paseo marítimo y por las calles que rodean la plaza (se recomienda no entretenerse con las compras y dejarlas para más tarde). Si se dispone de coche, se puede salir de la ciudad por la avenida Juárez hacia las ruinas mayas de **San Gervasio** *(ver p. 91)*. No hay que tener prisa; se necesita tiempo para disfrutar del conjunto y contemplar los pájaros y la vegetación, que son gran parte del atractivo de las ruinas. Volviendo a la carretera principal y girando hacia la izquierda, se llega a la costa este en **Punta Santa Cecilia** *(ver p. 14)*. Girando hacia el sur y bajando por la carretera que bordea el mar, se puede disfrutar de una comida en la playa de **Chen Río** *(ver p. 99)*.

TARDE

Bajando más por la costa se llega al **Parque Punta Sur Eco Beach**. Desde el aparcamiento hay que descender paseando hacia el faro de Punta Celaraín y el curioso templete maya llamado El Caracol, y seguir el sendero natural donde es posible avistar cocodrilos y flamencos.

Aunque se puede bucear en Punta Sur, tal vez sea preferible ver más vida submarina como la de la **Laguna Chankanaab**. Si todo lo que se desea es una playa tranquila, se puede ir a la **Playa San Francisco** *(ver p. 95)*. De regreso a la ciudad, no hay que perderse la puesta de sol desde el malecón. Vuelva a las tiendas y compre algo en lo que se haya fijado por la mañana.

Ver mapa en pp. 90-91

Y además...

1. Paamul
MAPA Q5

Es el destino favorito de aquellos que viajan en caravana, ya que pueden disfrutar de generosas ofertas para estancias prolongadas. El cámping también cuenta con unas cabañas *(ver p. 129)*, un bar de playa *(p. 95)*, y una tienda de submarinismo.

2. Ruinas de Xel-Ha
MAPA P6 ■ Horario: 8.30-19.00 todos los días ■ Se cobra entrada

Cruzando la autopista desde el conocido parque de buceo, esta ciudad maya en ruinas es una de las más antiguas de la región. Algunos de sus edificios muestran murales datados del año 200 d.C.

3. Cenote Aktun-Ha/Car Wash
MAPA N6

Otro hermoso cenote para nadar entre las rocas y los bosques en dirección a Cobá. Los buceadores con tubo pueden explorar su enorme caverna principal, mientras que los que lleven botella de aire comprimido pueden, acompañados de un guía, adentrarse más.

Visitantes en el cenote Aktun-Ha

4. Tankah
MAPA P6

Fuera de los itinerarios habituales, Tankah es una estrecha playa con un hermoso arrecife, un restaurante y un pequeño complejo de villas y hoteles. Tras la playa y junto al restaurante Casa Cenote se encuentra un cenote bordeado de cañaverales.

5. Cenote Dos Ojos
MAPA P6

Dos Ojos es posiblemente el sistema de cuevas sumergidas más largo del mundo. Las inmersiones organizadas por los guías de buceo son una experiencia memorable *(ver p. 51)*.

6. Gran Cenote
MAPA N6

La carretera que se dirige desde Tulum a Cobá es uno de los mejores parajes para encontrar cenotes en los que nadar. Éste resulta especialmente agradable gracias a sus hermosas aguas cristalinas *(ver p. 59)*.

7. Ruinas de Muyil
MAPA G4 ■ Horario: 8.00-17.00 todos los días ■ Se cobra entrada

El mayor atractivo de esta antigua ciudad maya es su emplazamiento en una jungla entre la autopista y el lago Chunyaxché, en Sian Ka'an.

8. Cueva de Aktun-Chen
MAPA P5

Cueva de Aktun-Chen Esta cueva gigante en la selva de un parque natural cuenta con un sistema de cámaras con estalagmitas y un río subterráneo *(ver p. 57)*.

9. Punta Laguna
MAPA N4

Esta reserva natural situada al norte de Cobá en un pequeño poblado al borde de un lago y un bosque, es uno de los mejores lugares de Yucatán para ver al mono araña. Los habitantes suelen ofrecerse como guías *(ver p. 54)*.

10. Carretera entre Boca Paila y Punta Allen
MAPA G4-5

Esta carretera solitaria, llena de baches y rodeada de vegetación, es una de las más llamativas de Yucatán gracias a las maravillosas vistas que ofrece.

→ *Ver mapa en pp. 90-91*

Playas

Disfrutando del baño en Playa Sol

1. Playa San Francisco y Playa Sol, Cozumel
MAPA R5-6

Éstas son dos de las numerosas y magníficas playas de la costa suroeste de Cozumel. Mientras San Francisco y otras cercanas a ella resultan estupendas para relajarse; playa del Sol ofrece un ambiente más animado.

2. Playas del sur de Tulum
MAPA P6

Indicadas para aquellos que deseen cierta soledad en Tulum, ofrecen playas más anchas y largas, mucho espacio y cabañas algo más lujosas.

3. Bahía de la Media Luna, Akumal
MAPA P5

Un mar en calma baña esta bahía en forma de media luna. Disfruta de un ambiente tranquilo, con algunos adosados y villas alrededor, y la deliciosa laguna Yal-ku en su extremo norte *(ver p. 65)*.

4. Paamul
MAPA Q5

Una bahía arenosa en forma de media luna con un bar de playa y cabañas *(ver p. 129)*. Con más de 2 km de playa, su zona de acampada no altera el paisaje y sus arenas nunca están llenas de gente.

5. Xpu-Ha
MAPA P5

Siete bahías con algunas de las arenas más blancas y frescas y corales de mayor colorido de la Riviera. Varias están ocupadas por complejos vacacionales, pero la X-4 y X-7 *(ver p. 93)* están abiertas al público.

6. Chen Río, Cozumel
MAPA R5

La mejor playa de la escarpada costa oeste de Cozumel, con una cala protegida para nadar tranquilamente y con olas un poco más adentro con las que practicar surf. Cuenta además con un restaurante de playa que merece una visita *(ver p. 70)*.

7. Pueblo de Akumal
MAPA P5

Aunque la playa del centro de Akumal sea algo bulliciosa, cerca de ella se encuentra una buena selección de bares y tiendas más tranquilos.

8. Playas del norte de Tulum
MAPA P6

Las playas del extremo norte de Tulum son las mejores si lo que se desea es conocer y relacionarse con la gente que se aloja en las económicas cabañas. También cuentan con las mejores vistas de las ruinas *(ver p. 22-23)*.

9. Punta Xamach y Conoco
MAPA G5

Llegar a estas playas desiertas supone recorrer la carretera de baches que une Boca Paila y Punta Allen.

10. Punta Solimán
MAPA P6

Esta playa casi desierta y sombreada por palmeras parece alejada de todo pese a estar conectada con la autopista por un camino de tierra. Las únicas huellas de presencia humana son algunos botes sobre la arena y el bar *(ver p. 98)*.

La tranquila Punta Solimán

Compras

① Azul Gallery, Cozumel
MAPA R5 ■ 449 Avda. 15 Norte, entre calle 8 y calle 10

En esta original galería de arte se puede ver al artista Greg Dietrich trabajando el vidrio soplado para crear vasijas y lamparas únicas. Además, se muestran cuadros, joyería y otros artículos elaborados por artistas locales.

Vidrio gravado, Azul Gallery

② Tulum Bazaar, Tulum
MAPA P6 ■ Avda. Tulum

Mezcla de tiendas de verdadero estilo mexicano. Recuerdos, artesanía maya, telas y joyas. Para conseguir los mejores precios es imprescindible regatear.

③ Josa, Tulum
MAPA P6 ■ (984) 115 8441 ■ Carretera Boca Paila km 1,5 Quintana Roo, Tulum

Esta elegante boutique inspirada en la atmósfera tropical y relajada de las playas de Tulum, vende accesorios de moda y ropa de mujer.

④ Punta Langosta, Cozumel
MAPA R5

Este centro comercial se encuentra en la terminal de cruceros y cuenta con grandes firmas de moda internacionales, además de artesanía de calidad y lujosas joyerías.

⑤ Los Cinco Soles, Cozumel
MAPA R5 ■ Avda. Rafael Melgar 27, junto a la calle 8

Si se quieren comprar todos los recuerdos en un solo lugar, esta tienda de artesanía del malecón es el lugar indicado Tiene ropa, manteles, joyas, artesanía en vidrio, metal o pájaros y animales de *papier-mâché*, y más.

⑥ Unicornio, Cozumel
MAPA R5 ■ Quinta Avenida, cerca de la calle 1 Sur

Un gran comercio de artesanía variada especializado en cerámica de buena calidad y artículos de madera policromada. Hay baratijas y artículos de calidad.

⑦ Shalom, Tulum
MAPA P6 ■ Avda. Tulum, entre calle Orion y calle Centauro

En esta tienda venden ropa típica de Tulum, estilo hippy además de ropa más elegante que se puede llevar en las discotecas.

⑧ Pro Dive, Cozumel
MAPA R5 ■ Avda. Adolfo Rosado Salas 198, con Quinta Avenida

Es el principal centro de venta para submarinistas experimentados y exploradores marinos, con todo tipo de equipo para bucear.

⑨ Puerto Aventuras
MAPA Q5

Un pequeño y elegante conjunto de tiendas en el que entre puros y sofisticadas joyas se pueden encontrar también ropa de diseñadores mexicanos y hermosas piezas de artesanía.

⑩ Mixik Artesanías, Tulum
MAPA P6 ■ Avda. Tulum, frente a la terminal de autobuses

Esta pequeña tienda cuenta con una colección de artesanía de gran calidad proveniente de todo el país.

Punta Langosta, Cozumel

Vida nocturna

1. Al Cielo, Puerto Aventuras
MAPA Q5 ■ Xpu-Ha Beach ■ Horario: 11.30-21.00 todos los días ■ Se cobra entrada

El exclusivo Al Cielo organiza actividades únicas en la playa Xpu-Ha, a menudo con el océano como telón de fondo. Música, baile y otras actuaciones.

2. La Internacional Cervecería, Cozumel
MAPA R5 ■ (987) 869 1289 ■ Avda. Rafael Melgar, por 7 Sur y 11 Sur

Esta cervecería ofrece una fina selección de cervezas internacionales y mexicanas, especialmente de las cerveceras artesanales del país.

3. Plaza del Sol, Cozumel
MAPA R5 ■ Avda. Melgar, junto a Avda. Juárez

Cozumel no tiene mucha vida nocturna. En cambio, la plaza central de San Miguel es el lugar donde, sobre todos los domingos, hay música en directo.

4. La Zebra, Tulum
MAPA G4 ■ Carretera de la playa, km 4,6

Los domingos por la noche en La Zebra hay fiesta salsera que atrae a gente de la playa y de la ciudad. Se recomienda llegar pronto para recibir clases de baile gratis.

5. Hard Rock Café, Cozumel
MAPA R5 ■ Avda. Rafael Melgar 2A ■ Horario: desde las 22.00 todos los días ■ Se cobra entrada

Su arquitectura estilo maya lo convierte en unos de los locales más impresionantes de la cadena. A veces hay música en directo.

6. Jimmy Buffett's Margaritaville, Cozumel
MAPA R5 ■ Avda. Rafael Melgar 799, Col Centro ■ Horario: 9.00-23.00 lu-sá

Junto al agua, con buenas vistas y tarifa familiar, este establecimiento es un éxito entre los visitantes.

7. Joel's Bar, Puerto Aventuras
MAPA Q5 ■ En la Marina ■ Horario: 16.00-1.00 todos los días

Gran abanico de ocio, incluidos espectáculos con delfines y música en directo, precedidos o acompañados de una cena.

Carlos'n Charlie's, Cozumel

8. Carlos'n Charlie's, Cozumel
MAPA R5 ■ Avda. Rafael Melgar 551 ■ Horario: desde las 11.00 todos los días

Es el bar-restaurante con sala de conciertos más grande de Cozumel, en el que casi siempre se puede encontrar a una multitud divirtiéndose al aire libre *(ver p. 67)*.

9. Batey Mojito y Guarapo Bar, Tulum
MAPA P6 ■ Calle Centauro Sur por la Avda. Tulum y Andromeda Oriente

Es el principal bar de copas de Tulum. Música en directo y bebidas sorprendentes. No hay que perderse sus mojitos con zumo de caña de azúcar fresco y ron.

10. Mezzanine, Tulum
MAPA P6 ■ Carretera Boca Paila km 1,5 ■ Horario: desde las 11.00 todos los días ■ No se aceptan tarjetas de crédito ■ Se cobra entrada

Este elegante bar restaurante combina el lujo con una política ecológica. Disfrute de uno de sus cócteles mientras se relaja con la música de los DJs.

Ver mapa en pp. 90-91

Locales de copas y espectáculos

① Teetotum
MAPA P6 ■ $$

Ligado al hotel del mismo nombre, en la carretera entre Tulum pueblo y la playa. La carta de cócteles –pruebe el "Anciano Maya": mezcal, angostura, naranja y zumo de cereza– y el ambiente relajado lo hacen el local perfecto para tomar una copa por la noche.

Las Palmeras, Cozumel

② Las Palmeras, Cozumel
MAPA R5 ■ **Avda. Rafael Melgar y Plaza Cozumel** ■ $$

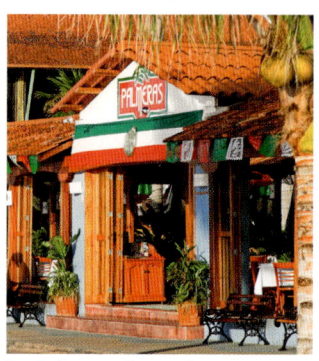

Un amplio y agradable bar tipo cabaña caribeña que se encuentra en la plaza Mayor de San Miguel, frente al embarcadero del ferri. Además de ser bueno por sus copas y para conocer gente, ofrece ricos desayunos.

③ Kelley's, Cozumel
MAPA R5 ■ **Avda. 10, entre Avda. Salas y calle 1** ■ $

Frecuentado por buceadores y guías turísticos, este bar se llena cuando hay partido de fútbol americano. Ideal para tomarse una cerveza y una hamburguesa.

④ Viva México, Cozumel
MAPA R5 ■ **Avda. Rafael E. Melgar** ■ $

Uno de los pocos cafés con vistas al mar en San Miguel. En este local se sirven refrescantes margaritas, mojitos y daiquiris, y comida mexicana y americana.

⑤ Café del Museo, Cozumel
MAPA R5 ■ **Avda. Rafael Melgar, junto a la calle 4** ■ **Horario: 9.00-17.00 todos los días** ■ $

Este relajante y bonito café situado en el ático del Museo de Cozumel (ver p. 14) disfruta de una magnífica vista sobre el paseo marítimo. Ofrece buen café y sabrosos desayunos y aperitivos.

⑥ Mezcalito's, Cozumel
MAPA R5 ■ **Punta Santa Cecilia** ■ $$

Este tranquilo restaurante de playa con un maravilloso emplazamiento, donde la carretera que cruza la isla se encuentra con la costa oeste, y ambientado con el sonido de fondo de las olas, es uno de los clásicos del lugar.

⑦ Cabañas Paamul
MAPA Q5 ■ $

Los espacios sombreados y las vistas de la playa convierten el bar de las Cabañas Paamul y del cámping (ver p. 129) en un lugar ideal para recargarse tras un día de sol. También ofrece aperitivos.

⑧ Piña Colada, Puerto Aventuras
MAPA Q5 ■ $$

El bar de playa favorito de Puerto Aventura tiene un gran techo de *palapa*. Ofrece unos elaborados cócteles tropicales.

⑨ Oscar y Lalo, Punta Solimán
MAPA P6 ■ $

Punta Solimán tiene cierto aire de isla desierta presente en su único bar. Sus simpáticos dueños, Óscar y Lalo, que también dirigen el cámping y alquilan kayaks, cocinan un magnífico pescado fresco.

⑩ El Paraíso, Tulum
MAPA P6 ■ **Carretera de la playa, km 5,5** ■ $

Aunque muchos de los grupos de cabañas de Tulum tienen bares, Paraíso, cerca de las ruinas, ofrece las mejores vistas desde su gran terraza bañada por la brisa.

Dónde comer

> **PRECIOS**
> Una comida de tres platos con cerveza o refresco (o equivalente), servicio e impuestos incluidos.
>
> $ menos de 15 $ $$ 15-35 $ $$$ más de 35 $

1) Guido's, Cozumel
MAPA R5 ■ Avda. Melgar 23, entre calle 6 y calle 8 ■ (987) 872 0946 ■ $$$

Guido's es conocido por su lasaña, aunque otros platos italianos como las pizzas, también son muy buenos. Disfrute de la comida en el jardín.

2) Rock'n Java, Cozumel
MAPA R5 ■ Avda. Rafael Melgar 602, entre calle 7 y Avda. Quintana Roo ■ (987) 872 4405 ■ $$

Ensaladas frescas y sándwiches se sirven en este café americano. No se pierda la tarta de manzana o alguno de los otros empalagosos postres.

Casa Denis, Cozumel

3) Casa Denis, Cozumel
MAPA R5 ■ Calle 1 Sur, junto a 5ª Avda. ■ Horario: desde las 7.00 todos los días ■ No aceptan tarjetas de crédito ■ $$

Uno de los establecimientos más antiguos de la isla. Ofrece especialidades yucatecas (ver pp. 68-69) a precios económicos.

4) Hechizo
MAPA P6 ■ Rancho San Eric, Carretera de la playa de Tulum km 7,5 ■ $$$

Un restaurante romántico para cenar que cuenta con pocas mesas en un lugar tranquilo. No hay menú: el chef, que trabajó en el Ritz-Carlton de Singapur cocina cada noche a su elección según los productos de temporada.

5) La Cocay, Cozumel
MAPA R5 ■ Calle 8, entre 10ª y 15ª Avenida ■ $$$

Este apacible restaurante en una cabaña de madera estilo caribeño ofrece una amplia variedad de comida de inspiración mediterránea.

6) Ristorante Massimo, Puerto Aventuras
MAPA Q5 ■ Plaza Marina ■ (984) 873 5418 ■ $$

Este restaurante está situado en una cabaña con vistas al mar. La carta está compuesta por una variedad de platos típicos italianos y americanos.

7) Tequilaville, Akumal
MAPA P5 ■ Calle Principal ■ (984) 875 9022 ■ $$

Este pequeño restaurante sirve una buena selección de auténtica comida mexicana y, al parecer, la mejor hamburguesa de la Riviera Maya.

8) Cetli, Tulum
MAPA P6 ■ Calle Polar con Calle Orion ■ (984) 108 0681 ■ $$

El propietario-chef se formó en la ciudad de México. Versiones refinadas de platos clásicos mexicanos como *chiles en nogada* (chiles rellenos con salsa de nueces) servidos en este informal restaurante.

9) Hartwood, Tulum
MAPA P6 ■ Carretera de la playa de Tulum, km 7,6 ■ $$$

Al otro la de la playa en medio de un jungla exuberante. Los chefs de Hartwood cocinan en un fuego abierto cocina de primera calidad. Probablemente haya cola para entrar, pero vale la pena la espera.

10) Chen Río, Cozumel
MAPA R5 ■ Chen Río Beach ■ No aceptan tarjetas de crédito ■ $$

El mejor restaurante de la costa este de Cozumel disfruta de un maravilloso emplazamiento en la playa.

Ver mapa en pp. 90-91

Centro de Yucatán

Ciudades como Valladolid o Tizimín se distinguen por una inconfundible identidad yucateca y unas profundas raíces culturales, con sus plazas e iglesias de estilo colonial español, las mujeres maya vendiendo frutas sabrosas y flores de colores y un tranquilo ritmo de vida. Los mayas levantaron en esta zona algunas de sus mejores construcciones, como las de Ek-Balam y en la ciudad de Chichén Itzá. Ajenos a la historia, unas gigantescas cavernas subterráneas y fantásticos cenotes descansan bajo el paisaje.

Pelicano pardo

1 Cuevas de Balankanché
MAPA E3 ■ Horario: 8.00-17.00 todos los días ■ Se cobra entrada

Este gran complejo laberíntico de cuevas se extiende a lo largo de varios kilómetros bajo la selva yucateca. Las cuevas eran sagradas para los antiguos mayas y en una cámara espectacular aún se conserva un santuario en el que se han encontrado más de 100 incensarios rituales. El recorrido termina en una bellísima cámara con una laguna en la que se refleja, como en un espejo, el techo de la cueva.

CENTRO DE YUCATÁN

Leyenda del mapa:
- 1 Imprescindible ver pp. 100-103
- 1 Dónde comer ver p. 107
- 1 Compras, mercados y excursiones ver p. 105
- 1 Y además... ver p. 104
- 1 Locales de copas y espectáculos ver p. 106

Centro de Yucatán « 101

La gran caverna del cenote Dzitnup

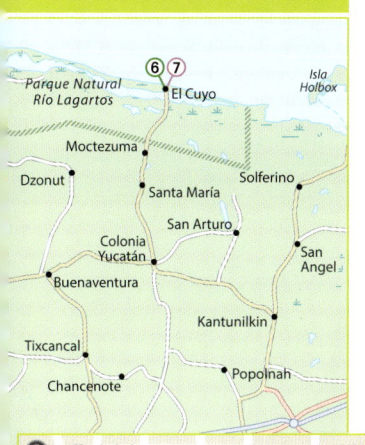

② Cenotes Dzitnup y Samula

MAPA E3 ▪ Pueblo de Dzitnup ▪ Horario: 8.00-17.00 todos los días ▪ Se cobra entrada

Desde Valladolid se llega fácilmente a estos dos espectaculares cenotes donde se puede nadar, que se encuentran entre los lugares imprescindibles de Yucatán. A Dzitnup se accede a través de un túnel estrecho que da a una caverna enorme como una catedral, en la que entran rayos de luz, que está llena de rocas con forma de torre. A cinco minutos a pie, Samula es una gran piscina de aguas bajas claras como un cristal sobre la que cuelgan las raíces de los árboles más viejos a través de una grieta de su techo de roca *(ver p. 58)*.

③ San Felipe

MAPA E1

Este pequeño pueblo al oeste de Río Lagartos cuenta con una maravillosa y, casi siempre, prácticamente vacía playa en un banco de arena, al otro lado de la laguna. Los marineros suelen trasladar a los turistas desde el pueblo a la playa y viceversa, también ofrecen excursiones para ver los flamencos. Desde el pueblo se disfruta de unas maravillosas puestas de sol *(ver pp. 55 y 60)*.

Misteriosas columnas de Aké

④ Aké

MAPA C2 ▪ Horario: 8.00-17.00 todos los días ▪ Se cobra entrada ▪ www.inah.gob.mx

Esta ciudad en ruinas al oeste de Izamal es un misterio pues sus columnas con forma de cilindro y sus rampas como escaleras son muy distintas a los de otros edificios mayas. La iglesia local se construyó en una antigua pirámide maya *(ver p. 45)*. Junto a las ruinas está la evocadora hacienda de henequén del siglo XIX, San Lorenzo de Aké, llena de maquinaria antigua.

Visitante explorando las magníficas ruinas mayas de Ek-Balam

⑤ Ek-Balam
MAPA F2 ■ **Horario: 8.00-17.00 todos los días** ■ **Se cobra entrada**
■ **www.inah.gob.mx**

En 1998 unas excavaciones en el gigantesco templo conocido como La Acrópolis sacaron a la luz hermosos ejemplos de escultura maya. El altar denominado El Trono es espectacular; se encuentra cerca de la entrada al templo que se cree alberga la tumba de Ukit-Kan-Lek-Tok, un poderoso mandatario que gobernó hacia el año 800 d.C. La Acrópolis se completa con un palacio de varios pisos *(ver p. 44)*.

⑥ Río Lagartos
MAPA F1

Este tranquilo pueblo de la remota costa norte se encuentra junto a más de 20 km de lagunas con manglares y albuferas que sirven de hogar a las mayores colonias de flamencos de todo Yucatán. Los marineros locales organizan excursiones a buen precio *(ver pp. 55 y 61)*.

Águila joven, Río Lagartos

⑦ Chichén Itzá

Se trata de la más famosa e impresionante de todas las antiguas ciudades mayas. La gran pirámide de El Castillo, el enorme campo de juego de pelota, el cenote Sagrado y el templo de los Guerreros son de visita obligada *(ver pp. 28-31)*.

⑧ Valladolid
MAPA E3

Fundada en 1545, la capital española del este de Yucatán alberga en su corazón una de las plazas coloniales más encantadoras de la región, flanqueada por la presencia de su blanca y elevada catedral. Valladolid es además famosa por sus bordados; su plaza es un buen lugar para comprar los manteles y vestidos blancos *huipil* con bordados de flores. Alrededor de la ciudad se encuentran varias iglesias y casas coloniales antiguas, incluyendo la hermosamente restaurada mansión del siglo XVII, casa de los Venados, que alberga una colección de arte popular contemporáneo mexicano. A cuatro manzanas de la plaza se puede visitar el impresionante foso del cenote Zací, antiguo suministrador de agua de Valladolid *(ver p. 48)*. Cerca está el enorme convento fortaleza de San Bernardino de Siena, iniciado en 1552, que tiene la iglesia permanente más antigua de Yucatán. En la fachada hay una hermosa galería con elegantes arcos. También posee un gran claustro y un jardín con columnas de piedra. En su interior conserva altares y retablos barrocos del siglo XVIII *(ver p. 48)*.

Centro de Yucatán « 103

9 Telchac y Uaymitún
MAPA C/D2

Desde el oeste de San Felipe se llega a la costa atravesando tranquilos pueblos de pescadores. Hacia el mar se extienden las interminables playas, mientras que tierra adentro yace una laguna habitada por numerosas aves. Telchac es un puerto pesquero con bonitas playas y algunos restaurantes y hoteles económicos. En Uaymitún se levanta una torre de observación gratuita para contemplar a los pájaros de la laguna *(ver p. 55)*.

10 Izamal
MAPA D2

Es la ciudad colonial española mejor preservada de Yucatán, conocida como la Ciudad Dorada por la tonalidad de sus construcciones. Su núcleo es el gran monasterio de San Antonio, del siglo XVI, y el sepulcro de Nuestra Señora de Izamal, santa patrona de la región. Cerca se encuentran las ruinas de tres pirámides *(ver pp. 46 y 48)*.

Edificio dorado, Izamal

LA SAL DE CHICHÉN

Hacia el año 800 d.C., Chichén Itzá se hizo con el control del mercado de la sal: construyó su propio puerto en El Cerritos, al este de Río Lagartos. La riqueza que obtuvo con ello fue una de las principales razones que permitió a Chichén dominar Yucatán. Hoy siguen explotándose las enormes salinas que se extienden en las lagunas cercanas a Río Lagartos.

DOS DÍAS EN EL CENTRO DE YUCATÁN

▶ PRIMER DÍA

Se recomienda pasar la noche en Valladolid o mejor en la pequeña ciudad de Pisté, cerca de **Chichén Itzá**, o mejor en uno de los hoteles contiguos, como **Hacienda Chichén** *(ver p. 126)*, para poder visitar las ruinas lo más temprano posible. Precisará por lo menos tres horas para explorar el lugar, y después puede comer en **Las Mestizas** en Pisté *(ver p. 107)*.

Por la tarde se puede elegir entre continuar con las ruinas mayas de **Ek-Balam** o dirigirse a **Valladolid** y pasear por su plaza y visitar el monasterio de San Bernardino y el impresionante cenote. Antes de que se haga tarde, la ruta sigue hacia el norte hasta Río Lagartos (a 105 km), a reservar una excursión para ver los flamencos. Se puede pernoctar en el **hotel San Felipe** de San Felipe *(ver p. 131)*.

SEGUNDO DÍA

La mejor hora para ver a los flamencos es temprano en la mañana por lo que se debe estar en camino a las 7.00. Una excursión de dos a cuatro horas permite recorrer este exuberante paraje natural a través de amplias lagunas y estrechas ensenadas. Al mediodía se puede comer en el paseo marítimo de la isla Contoy o dirigirse hacia **Tizimín** *(ver p. 104)* y **Tres Reyes** *(ver p. 107)*, con su gran plaza colonial. Desde Tizimín, girando hacia el oeste se llega a **Izamal**. Desde el patio porticado de su monasterio se obtienen unas buenas vistas de la ciudad, especialmente hermosas a la cálida luz del atardecer.

Ver mapa en pp. 100-101

Y además...

① Cenote Ik Kil
MAPA E3 ■ Autopista 180, 3 km al este de Chichén Itzá ■ Horario: 8.00-17.00 todos los días ■ Se cobra entrada

Este enorme pozo circular con una hermosa piscina subterránea es el centro de un parque natural privado. Se puede nadar en el cenote y cenar en el restaurante que hay en lo alto.

② Yaxcabá
MAPA D3

Esta tranquila ciudad pequeña, escondida en el bosque, sorprende por su impresionante iglesia del siglo XVIII, que muestra una original fachada de tres torres y un hermoso retablo mayor.

③ Calotmul
MAPA F2

Situada entre Valladolid y Tizimín, es otra ciudad provincial con una hermosa iglesia (1749) que guarda un rico retablo barroco.

④ Tizimín
MAPA F2

Esta ciudad comercial suele pasar desapercibida por el turismo. En su centro se encuentran dos espaciosas plazas separadas por los muros de dos monasterios coloniales (ver p. 46).

⑤ Tihosuco
MAPA E4 ■ Horario museo: 10.00-18.00 ma-do ■ Se cobra entrada

Este pueblo situado 48 km al sur de Valladolid fue el lugar en el que se desencadenó la gran revuelta maya de la guerra de Castas (ver p. 43), de la que todavía conserva algunas huellas. Un pequeño museo narra toda la historia.

⑥ El Cuyo
MAPA F1

Este pequeño pueblo de pescadores, situado al final de una solitaria carretera que recorre bosques y bancos de arena, es el lugar ideal para disfrutar de kilómetros de playa (ver p. 61).

⑦ Bocas de Dzilam
MAPA D1

El oeste de San Felipe está cubierto por esta enorme extensión salvaje de manglares. Los pescadores de San Felipe o Dzilam suelen ofrecer recorridos.

⑧ El Bajo y Santa Clara
MAPA D1

Paralela a la carretera de la costa norte se extiende una larga y estrecha isla arenosa, El Bajo, con playas desiertas. Los pescadores del pueblo de Santa Clara ofrecen excursiones a la playa.

⑨ Xcambó
MAPA C2 ■ www.mayayucatan.com.mx ■ Horario: 8.00-17.00 todos los días ■ Se cobra entrada

Esta pequeña ciudad maya situada junto a la costa fue probablemente un asentamiento de las afueras de Dzibilchaltún.

⑩ Cenote Yokdzonot
MAPA E3 ■ Pueblo de Yokdzonot, 14 km al oeste de Pisté ■ Horario: 9.00-18.00 todos los días ■ Se cobra entrada

Yokdzonot es un pueblo poco visitado a corta distancia de Pisté y Chichén Itzá que tiene un fantástico cenote cubierto de plantas trepadoras, perfecto para sumergirse por la tarde. Dispone de chalecos salvavidas y aparatos de buceo.

Iglesia fortificada, Tihosuco

Compras, mercados y excursiones

① Plaza Mayor, Valladolid
MAPA E3

Las mujeres mayas de los alrededores exponen sus bonitos y coloridos *huipiles* (blusas tradicionales) y demás bordados en las rejas del parque Principal.

② MexiGo Tours, Valladolid
MAPA E3 ■ (985) 856 0777
■ Calle 43, por calle 40 y calle 42
■ www.mexigotours.com

Los propietarios y gestores de esta agencia son lugareños, y ofrecen visitas guiadas a los sitios arqueológicos e históricos de Valladolid y alrededores. También alquilan bicicletas.

③ Mercado de artesanía, Chichén Itzá
MAPA E3

Alrededor de la oficina de información de Chichén se suelen colocar varios puestos de artesanía, algunos pertenecen a mayas que venden sus propios bordados, hamacas y tallas de madera.

④ Flamingo Tours, Río Lagartos
MAPA F1 ■ (986) 862 0542

La principal cooperativa de marinos tiene un quiosco en el paseo marítimo, a la izquierda de donde comienza la carretera a Tizimín. Colaboran con la reserva natural y disponen de barcos y guías experimentados *(ver p. 55)*.

⑤ San Felipe Tours
MAPA E1 ■ (986) 100 8390

Esta cooperativa tiene un centro en el paseo marítimo de San Felipe. Sus tarifas son similares a las de Río Lagartos. Los marinos se encuentran más dispuestos a llevar a los turistas a las Bocas de Dzilam *(ver p. 104)* y a la laguna de Río Lagartos de Dzilam *(ver p. 55)*.

Artesanía en el mercado de Valladolid

⑥ Bazar y mercado de artesanía de Valladolid
MAPA E3 ■ Mercado de Artesanías, calle 39 con calle 44

El mercado de artesanía semipúblico de Valladolid cuenta con bordados de calidad, además de otros productos hechos en serie. El cercano bazar está compuesto por un conjunto de tiendas y puestos de comida *(ver p. 107)*.

⑦ Mercado, Tizimín
MAPA F2 ■ Horario: 8.00-17.00 todos los días

Es un auténtico mercado con unas espectaculares frutas, productos alimenticios y artículos de hogar.

Chichén Itzá

⑧ Yalat, Valladolid
MAPA E3 ■ Calle 39 esquina con calle 40

En la plaza central de Valladolid, Yalat ofrece ropa bordada, joyas, chocolate mexicano y exfoliante hecho con fibra de sisal.

⑨ Hecho a Mano, Izamal
MAPA D2 ■ Calle 31, nº 308, junto al Ayuntamiento

Una bonita y pequeña tienda con una selección de arte típico hecho a mano más cuidada que la que se encuentra en los mercados, así como sorprendentes fotografías con escenas de Yucatán.

⑩ Mercado, Izamal
MAPA D2 ■ Calle 31 y calle 32

Este mercado, que se extiende bajo el monasterio, es una alegre mezcla de recuerdos, artesanía y pequeños cafés.

Ver mapa en pp. 100-101

Locales de copas y espectáculos

① La Chispa, Valladolid
MAPA E3 ■ Calle 41, entre las calles 42 y 44 ■ $

Este elegante bar-restaurante, situado en una antigua casa colonial, está dirigido a una clientela joven.

② La Flor de Michoacán, Valladolid
MAPA E3 ■ Calle 41, entre las calles 42 y 44 ■ $

Esta sencilla combinación de café, panadería y puesto de helados cercano a La Chispa es el local favorito de los mochileros. Ofrece zumos frescos y tentempiés a bajo precio.

③ Conciertos dominicales, Valladolid
MAPA E3 ■ Parque Principal ■ Horario: desde las 19.30 do

La orquesta local ofrece un concierto gratuito todas las noches de domingo en la plaza y tiene un amplio repertorio.

Hotel María de la Luz

④ Hotel María de la Luz, Valladolid
MAPA E3 ■ Calle 42 ■ $$

Este hotel posee una terraza en el parque Principal, bien sombreada y con cómodos sillones, resulta ideal para tomarse algo mientras se contempla el movimiento de la plaza.

⑤ Squimz Bistro Café, Valladolid
MAPA E3 ■ Calle 39, entre las calles 44 y 46 ■ $

Situado en una antigua casa colonial, este restaurante sirve una interesante mezcla de cocina internacional y local. Se recomienda probar el postre de la casa, el flan napolitano de Squimz.

⑥ Pueblo Maya, Pisté
MAPA E3 ■ Calle 15, nº 48B, Manzana nº 13 ■ $

Este local donde se puede disfrutar de auténtica comida mexicana es a su vez un mercado de artesanía. Tiene una hermosa piscina y hamacas en las que relajarse después de almorzar.

⑦ Miramar, El Cuyo
MAPA F1 ■ Calle 40, nº 3A ■ Horario: 7.00-20.00 todos los días ■ $

Este local forma parte del Hotel Aida Luz, situado en la tranquila aldea de pescadores de El Cuyo, y en él se sirven platos de comida regional elaborados con pescado de la zona.

⑧ Ria Maya, Río Lagartos
MAPA F1 ■ (986) 862 0045 ■ Calle 19, por calle 13 y calle 14 ■ $$

Restaurante familiar conocido por sus mariscos y pescados, su menú no solo se complementa con el entorno, también con sus hermosas puestas de sol.

⑨ Bares del mercado, Izamal
MAPA D2 ■ Calle 31, junto a la calle 32 ■ $

Varios cafés y loncherías comparten una terraza exterior en un lugar estratégico sobre el monasterio y la vida de la ciudad. Algunos sirven cerveza con los aperitivos y otros, únicamente bebidas sin alcohol.

⑩ Hacienda Chichén
MAPA E3 ■ Zona de hoteles, Chichén Itzá ■ $$$

Este histórico rancho hotel al borde de la ruina de Chichén Itzá tiene una deliciosa terraza bar restaurante que es perfecta para tomar un cóctel refrescante después de pasar el día explorando el lugar.

Dónde comer

> **PRECIOS**
> Una comida de tres platos con cerveza o refresco (o equivalente), servicio e impuestos incluidos.
>
> $ menos de 15 $ $$ 15-35 $ $$$ más de 35 $

① Restaurante El Toro, Izamal
MAPA D2 ▪ Plazuela 2 de Abril ▪ (998) 954 1169 ▪ No se aceptan tarjetas de crédito ▪ $

Este pequeño y agradable restaurante situado en la plaza y cercano al monasterio, sirve unos sabrosos tacos y platos yucatecos.

② Cocinas Económicas, Valladolid
MAPA E3 ▪ Calle 39, en el Parque Principal ▪ No se aceptan tarjetas de crédito ▪ $

Alrededor del bazar de la plaza (ver p. 105) se dispone una fila de mostradores de comida autoservicio. Ruidoso y con mucho ambiente, resulta ideal para desayunar o tomarse un tentempié local.

③ Casa Italia, Valladolid
MAPA E3 ▪ Calle 35, nº 202 ▪ $

Con vista a una pintoresca plaza, y a un corto paseo del centro de la ciudad, este restaurante de gestión familiar sirve la mejor comida italiana de Valladolid, y atrae a clientes leales tanto lugareños como visitantes. Las pizzas con base fina y los platos de pasta son auténticos y económicos.

④ Chaya's Natural Café, Ek-Balam
MAPA F2 ▪ Esquina noreste de la plaza del pueblo ▪ $$

El restaurante de Genesis Retreat (ver p. 129) abre por las tardes no solo a los clientes. Merece la pena una visita por sus crêpes y galletas de chocolate.

⑤ Las Mestizas, Pisté
MAPA E3 ▪ (985) 851 0069 ▪ No se aceptan tarjetas de crédito ▪ $$

Es el más bonito de los restaurantes de la calle principal de Pisté. Prepara una deliciosa sopa de lima (ver p. 69).

⑥ Hostería del Marqués, Valladolid
MAPA E3 ▪ Calle 39, en el Parque Principal ▪ (985) 856 3042 ▪ $$

El mejor hotel de Valladolid. Su maravilloso restaurante está alrededor de un patio lleno de plantas. Sus versiones de especialidades locales como los lomitos de Valladolid son magníficas.

Cenando en el patio de la Hostería del Marqués

⑦ Tres Reyes, Tizimín
MAPA F2 ▪ Calle 52 con calle 53 ▪ (986) 863 2106 ▪ No se aceptan tarjetas de crédito ▪ $$

La especialidad del mejor restaurante de la capital ganadera de Yucatán es la carne, a menudo cocinada en lonchas finas (arracheras).

⑧ Yerba Buena del Sisal, Valladolid
MAPA E3 ▪ Calle 54A nº 217 ▪ (985) 856 1406 ▪ $

Este encantador restaurante está decorado con banderas de papel picado y es una gran opción para vegetarianos.

⑨ Restaurante Vaselina, San Felipe
MAPA E1 ▪ (986) 862 2083 ▪ $$

Un gran local sin pretensiones ubicado junto al mar, en el que se puede degustar un rico pescado fresco.

⑩ Kinich, Izamal
MAPA D2 ▪ Calle 27, nº 299, entre las calles 28 y 30 ▪ (988) 954 0489 ▪ Cerrado cenas ▪ $$

Este restaurante, situado en un exuberante jardín, disfruta de una magnífica reputación gracias a su comida yucateca clásica, como el poc-chuc (ver p. 68).

Ver mapa en pp. 100-101

TOP 10 Oeste de Yucatán

Arco de Labná

En ningún otro lugar el sabor de Yucatán es tan intenso como en el oeste, alrededor de su histórica capital, Mérida. Esta zona se caracteriza por una extraordinaria concentración de restos mayas que, aunque tal vez no alcanza la inmensidad de Chichén Itzá, cuenta con centros como el de Uxmal, exponente de la más elegante arquitectura maya. También hay áreas cubiertas por espacios salvajes, lagunas y pequeñas ciudades.

EL OESTE

1. **Imprescindible** ver pp. 109-111
1. **Dónde comer** ver p. 115
1. **Compras** ver p. 113
1. **Y además...** ver p. 112
1. **Locales de copas y espectáculos** ver p. 114

Oeste de Yucatán « 109

1. Labná
MAPA C4 ▪ Horario: 8.00-17.00 todos los días ▪ Se cobra entrada

El arco de Labná, maravillosamente pintado por Frederick Catherwood *(ver p. 110)*, ejemplifica la sofisticación de la arquitectura Puuc. En las cercanías se alza el palacio de la ciudad; está dividido en siete patios, en la parte izquierda (oeste) vivían los señores de Labná y en la derecha, la servidumbre. Su entorno de tranquilos bosques resulta especialmente agradable.

2. Uxmal
Uxmal, con las elegantes líneas del Cuadrángulo de las Monjas y la elevada estructura de la Casa del Adivino, no es solo una de las antiguas ciudades mayas más bonitas, sino también uno de los asentamientos precolombinos más importantes de toda América *(ver pp. 34-35)*.

3. Campeche
Esta antigua ciudad colonial española amurallada conserva un aire propio de otro tiempo. Sus murallas y bastiones del siglo XVII se construyeron para defenderse de los piratas. Las calles del interior están flanqueadas por antiguas casas de delicados colores, con patios y ventanas enrejadas. Su museo, que ocupa un antiguo fuerte español, muestra piezas de jade, máscaras y demás restos encontrados en el excavado yacimiento de Calakmul *(ver pp. 38-39)*.

Colorida ciudad colonial de Campeche

Flamencos en Celestún

4. Celestún
MAPA A3 ▪ Excursiones desde Celestún, embarcadero: 8.00-17.00 todos los días ▪ Se cobra entrada

Al norte de este pueblo de pescadores yace la enorme y salvaje extensión de una laguna poblada de manglares, que es además un lugar de cría de flamencos rosas e ibis, garcetas y garzas azules. Las excursiones en barco son muy populares (la laguna a menudo se llena de visitantes), pero los viajeros que se quedan en Celestún podrán disfrutar de este pueblecito con su playa de arena blanca y unas preciosas puestas de sol.

> **STEPHENS Y CATHERWOOD**
>
> En el siglo XIX, el viajero estadounidense John Lloyd Stephens (1805-1852) y el artista inglés Frederick Catherwood (1799-1854) llamaron la atención internacional sobre la existencia de la antigua civilización maya. Viajaron juntos entre 1839 y 1842 y ofrecieron las primeras descripciones y dibujos completos de Chichén Itzá y Uxmal. Se les considera los descubridores de Kabah y Sayil, entre otras.

Cenote Xlacah, Dzibilchaltún

5 Dzibilchaltún
MAPA C2 ▪ Cenote Xlacah.
Horario: 8.00-17.00 todos los días
▪ Se cobra entrada lu-vi

El fenómeno por el cual al amanecer de cada equinoccio el sol incide a través del templo de las Siete Muñecas sobre la *sacbé* (calzada) hasta la plaza central, es el acontecimiento más famoso de esta ciudad maya situada al norte de Mérida. En los solsticios la luz pasa por unas ventanas situadas al este. Esta ciudad maya fue una de las que estuvo poblada durante un periodo más largo, más de 2.000 años. El asentamiento cuenta con varios templos, un gran palacio y una capilla de misiones colonial. Su enorme cenote Xlacah, que aprovisionaba de agua a la ciudad, ahora es un lugar idílico para refrescarse.

6 Kabah
MAPA C4 ▪ **Horario: 8.00-17.00 todos los días** ▪ Se cobra entrada

Este asentamiento fue la segunda ciudad Puuc más importante (*ver p. 37*) después de Uxmal. El impresionante arco del este de la ciudad marca el comienzo de la carretera o *sacbé* (*ver p. 93*) que la unía con su mayor aliado. El Codz Poop o palacio de las Máscaras es el ejemplo más original de talla maya. El palacio y el templo de las Columnas son otros dos ejemplos de la fina arquitectura Puuc.

7 Sayil
MAPA C4 ▪
Horario: 8.00-17.00 todos los días
▪ Se cobra entrada

De todas las ciudades Puuc, Sayil es la única que refleja el grado de riqueza que llegaron a tener sus habitantes. Su núcleo es un magnífico palacio, un lujoso complejo que se eleva a 3 niveles y consta de más de 90 cámaras. Su refinamiento arquitectónico recuerda al de las construcciones de la Grecia antigua. Solía albergar más de 350 personas, y tenía su propia fuente suministradora de agua.

8 Mérida
Probablemente se trate de la más hermosa de todas las ciudades coloniales de México. Sus encantos son numerosos y

Domingo de fiesta en Mérida

Oeste de Yucatán « 111

variados: una arquitectura elegante, grandes mercados, un ambiente amable, la música de los boleros y la jarana de los conciertos gratuitos que se ofrecen en sus plazas del siglo XVI, y las fiestas dominicales (ver pp. 32-33).

El larguísimo muelle de Progreso

⑨ Progreso

El puerto y la playa principal de Mérida son los lugares idóneos para acercarse a la vida cotidiana yucateca. El puerto se sitúa en la punta de un muelle de 6 km de largo, lo que garantiza la tranquilidad de las aguas que bañan la playa. Durante el fin de semana los meridanos ocupan el lugar. Una serie de excelentes restaurantes de pescado se extiende a lo largo de la costa, con unas animadas terrazas en las que se puede departir con los lugareños

⑩ Cuevas de Loltún
MAPA C4 ▪ Visitas 8.00-11.00 y 14.00-16.00 lu-sá, 8.00-11.00 do ▪ Se cobra entrada

Este extenso complejo de cuevas acogió un asentamiento maya. Ha sido habitado por humanos mucho más tiempo que cualquier otro de Yucatán, desde la remota prehistoria hasta el siglo XIX. Los antiguos mayas horadaron cuevas y las utilizaron para rituales. Las excursiones con guía recorren 2 km de cuevas, aunque la red se extiende mucho más. Con unas formaciones rocosas impresionantes, la característica más llamativa de Loltún son sus extraños cambios de temperatura, desde el calor más agobiante a las corrientes heladas (ver p. 59).

UN DÍA EN LOS CERROS DE PUUC

▶ MAÑANA

Se recomienda salir pronto de Mérida en coche de alquiler e ir directamente a **Uxmal** (ver pp. 34-35). Pasado el barrio de Umán, hay que tomar el giro hacia la autopista 261, donde el tráfico se reduce y se puede conducir tranquilamente a través de bosques y varios pueblos tranquilos.

Pasando Muna la carretera se adentra en los cerros de Puuc antes de volver a bajar a Uxmal. Se recomienda dedicar al menos dos horas a este lugar siempre atento a las numerosas iguanas, pero admirando la arquitectura.

Se puede retroceder un poco por la carretera hasta la **Hacienda Uxmal** (ver p. 115), para saborear una sopa de lima en su terraza.

TARDE

La tarde comienza dirigiéndose a **Kabah** con Codz Poop.

Más hacia el sur, la Ruta Puuc sale de la autopista 261 a una agradable carretera boscosa con la única compañía de unos pocos turistas, furgonetas y motos de tres ruedas. La Ruta Puuc cuenta con varias paradas, se trata de asentamientos como **Sayil, Xlapak** (ver p. 45) y **Labná** (ver p. 109). Al final de la carretera se encuentra el mundo subterráneo de **Loltún**, y después puede descansar con un café.

Hay que poner rumbo a Oxcutzcab y girar a la izquierda hasta **Ticul** (ver p. 112). Se puede cenar en uno de los restaurantes locales y dar un paseo por Ticul antes de volver a Mérida. Deténgase en el camino en **Yaxcopoíl** (ver p. 112) para hacer una breve visita a a hacienda.

Ver mapa en p. 108 ←

Y además...

1. Oxkintok
MAPA D3 ▪ www.inah.gob.mx
■ Horario: 8.00-17.00 todos los días
■ Se cobra entrada

Esta antigua ciudad maya tiene un satunsat o pirámide laberíntica, que posiblemente representa la entrada al mundo de los muertos.

2. Hacienda Yaxcopoíl
MAPA C3 ▪ www.yaxcopoil.com
■ Horario: 8.00-18.00 lu-sá, 9.00-13.00 do
■ Se cobra entrada

De todas las haciendas restauradas de Yucatán ésta ofrece la imagen más auténtica de la época en la que el *henequén* u oro verde *(ver p. 43)* dominaba la vida del Estado.

3. Cenotes
Los cenotes y ríos subterráneos de la zona oeste de Yucatán han sido menos explorados que los de Tulum *(ver pp. 22-23)*. Desde Mérida se organizan viajes para bucear.

4. Xlapak
MAPA C4 ▪ www.inah.gob.mx
■ Horario: 8.00-17.00 todos los días ▪
Se cobra entrada

El asentamiento Puuc más pequeño atrae tanto por su tranquilo recorrido a lo largo del bosque como por sus ruinas. Su palacio muestra unas intrincadas tallas *(ver p. 37)*.

5. Edzná
MAPA B5 ▪ www.inah.gob.mx
■ Horario: 8.00-17.00 todos los días
■ Se cobra entrada

En muchos aspectos es tan impresionante como Chichén Itzá. Su edificio de las Cinco Plantas es uno de los palacios mayas más grandes *(ver p. 39)*.

Sitio arqueológico de Edzná

Iglesia color ocre de Ticul

6. Ticul
MAPA C4

Ticul, una de las ciudades rurales más bonitas de Yucatán *(ver p. 47)*, es además un antiguo centro productor de cerámica.

7. Acanceh
MAPA C3

Una de las fachadas de la plaza está dominada por una iglesia del siglo XVIII, mientras que en otra se alza una antiquísima pirámide maya datada alrededor del año 300 a. C. *(ver p. 47)*.

8. Mayapán
MAPA C3 ▪ www.inah.gob.mx
■ Horario: 8.00-17.00 todos los días
■ Se cobra entrada

Esta última gran ciudad maya dominó Yucatán durante dos centurias desde el año 1200. Sus construcciones se asemejan a las de Chichén Itzá, y muestran murales bien conservados.

9. Los Petenes de Campeche
MAPA A4

Esta extensión salvaje de manglares y bosques alberga una espectacular variedad de animales. Se pueden organizar excursiones desde Campeche o el pueblo de Isla Arena *(ver p. 55)*.

10. Chelem y Yucalpetén
MAPA C2

Estos tranquilos pueblos situados al oeste de Progreso, al otro lado de una hendidura del banco de arena costero, cuentan con unas largas playas casi desiertas, muy populares entre los surfistas.

Compras

1. Bazar de Artesanías, Mérida
MAPA C2 ■ Calle 67 esquina con calle 56

Este mercadillo semipúblico está formado por puestos que venden todo tipo de artesanía yucateca y mexicana, alguna de excelente calidad y otra no tanto.

2. Casa de Artesanías, Mérida
MAPA C2 ■ Calle 63, nº 503, entre las calles 64 y 66

Esta tienda del Gobierno yucateco ofrece artesanía local de alta calidad con muchos artículos elaborados mayoritariamente con tejidos, cestería y madera.

3. Mercado de Mérida
MAPA C2 ■ Calle 65, entre las calles 54 y 58

Un laberinto de avenidas y puestos de todo lo que se pueda imaginar: pescados, frutas, una asombrosa variedad de chiles, vestidos *huípil*, sandalias y sombreros.

4. Hamacas La Poblana, Mérida
MAPA C2 ■ Calle 65, nº 492, Centro

A diferencia de las hamacas baratas y de poca calidad de los puestos de la calle, aquí están las auténticas de cualquier color, tamaño y estilo, y se venden al peso.

5. El Charro Mexicano, Mérida
MAPA C2 ■ 59 515, Zona Paseo Montejo, La Quinta

Esta pequeña tienda, que vende botas y sombreros frente al mercado, tiene pilas de sombreros panamá confeccionados a mano de todos los estilos y medidas.

6. Mexicanísimo, Mérida
MAPA C2 ■ Parque Hidalgo, calle 60, entre las calles 59 y 61

Una tienda innovadora que vende prendas ligeras para hombre y mujer con unos diseños originales y modernos. Emplea algodones y otros materiales mexicanos tradicionales.

7. Arte Maya, Ticul
MAPA C4 ■ Calle 23, nº 301

Ticul produce una gran cantidad de cerámicas. Este negocio familiar se distingue por las técnicas tradicionales, algunas procedentes incluso de los antiguos mayas.

8. Guayaberas Jack, Mérida
MAPA C2 ■ Calle 59, nº 507, entre las calles 60 y 62

Las guayaberas son la prenda de vestir masculina más práctica para llevar en la tropical Mérida. Este comercio con solera solo vende guayaberas. También confecciona a medida.

Cerámica del mercado de Mérida

9. Maya Chuy Bordado, Mérida
MAPA C2 ■ Calle 18, nº 80

Esta encantadora tienda alejada de las calles comerciales de Mérida pertenece a una cooperativa de bordadoras. Sus blusas, alfombrillas y demás artículos han sido todos elaborados a mano.

10. Casa de Artesanías Tukulná, Campeche
MAPA A5 ■ Calle 10, nº 333, entre las calles 59 y 61

La tienda oficial de artesanía de Campeche vende cerámicas, bordados, cestería y muchos otros artículos.

Ver mapa en p. 108

Locales de copas y espectáculos

① Pancho's, Mérida
MAPA C2 ■ Calle 59, nº 509, entre las calles 60 y 62 ■ $

El restaurante discoteca más animado y divertido del centro de Mérida tiene una decoración de cantina mexicana, un personal agradable y una pequeña pista de baile descubierta *(ver p. 67)*.

② Dulcería y Sorbetería El Colón, Mérida
MAPA C2 ■ Calle 59, en la plaza ■ $

En esta heladería se puede elegir entre una enorme variedad de sorbetes de fruta y helados. Muy famoso es champola, bolas de helado servidas en un vaso con leche.

③ El Cielo Lounge Bar, Mérida
MAPA C2 ■ Prolongación Paseo de Montejo en calle 25 ■ $

Este bar con decoración minimalista posee una hermosa terraza y una larga carta de bebidas donde elegir.

④ Café Crème, Mérida
MAPA C2 ■ Calle 41, esquina de la calle 60 Centro ■ $$

Ubicado en el centro de Mérida, a dos manzanas del Paseo Montejo, este café sirve una variedad de aperitivos franceses y refrescantes zumos de frutas naturales.

⑤ Ku'uk, Mérida
MAPA C2 ■ Avda. Rómulo Rozo nº 488, por calle 27 y calle 27A ■ (999) 944 3377 ■ $$$

Deléitese con el superlativo menú de degustación de este restaurante de lujo o simplemente relájese con un cóctel en su sofisticado bar. También hay una buena carta de vinos y cervezas, de muchos lugares de México.

⑥ Jugos California, Mérida
MAPA C2 ■ Calle 58, nº 505 Centro ■ $

Una de las instituciones locales son los puestos de zumos frescos y el California ha conseguido ser el mejor de la ciudad. Encontrará una deliciosa variedad de fruta para hacer zumos: sandías, piña, papayas, etc.

Bar en el jardín de Piedra de Agua

⑦ Piedra de Agua, Mérida
MAPA C2 ■ Calle 62, nº 498 ■ $$

Este acogedor bar en un jardín es un lugar elegante donde tomar un cóctel o una cerveza helada por la noche, pertenece al hotel de diseño del mismo nombre y está cerca de la iglesia Santa Lucía.

⑧ Flamingos, Progreso
MAPA C2 ■ Malecón, esquina con la calle 22 ■ $$

Uno de los bares-restaurante con terraza más animados de Progreso, ofrece sabrosos ceviches *(ver p. 69)* para acompañar la cerveza.

⑨ Casa Vieja de los Arcos, Campeche
MAPA A5 ■ Calle 10, nº 319, Altos en la plaza ■ $$

Disfrute de la puesta de sol desde este restaurante cubano en la plaza central de Campeche. Pruebe los mojitos hechos con ron cubano.

⑩ La Parroquia, Campeche
MAPA A5 ■ Calle 55, nº 8 ■ $$

Tradicionales manjares locales servidos en el desayuno, comida y cena en este popular restaurante con una merecida reputación.

Dónde comer

> **PRECIOS**
> Una comida de tres platos con cerveza o refresco (o equivalente), servicio e impuestos incluidos.
>
> $ menos de 15 $ $$ 15-35 $ $$$ más de 35 $

① Amaro, Mérida
MAPA C2 ■ Calle 59, nº 507, entre las calles 60 y 62 ■ (999) 928 2451 ■ $$

Uno de los patios más bonitos de la antigua Mérida alberga este relajante restaurante, con la mitad de su carta de platos vegetarianos.

② El Marlin Azul, Mérida
MAPA C2 ■ Calle 62, nº 488, entre las calles 57 y 59 ■ (999) 928 1606 ■ $$

Cebiche es el plato que se debe pedir en esta marisquería, pero también se puede probar las fajitas de camarón. Solo para comidas, cierra a las 16.00 (ver p. 70).

③ El Príncipe Tutul-Xiu, Maní
MAPA C4 ■ Calle 26 nº 208, entre las calles 25 y 27 ■ (999) 929 7721 ■ $$

Bajo un techo de palapa, este restaurante se llena los domingos cuando acuden las familias a comer poc-chuc, panuchos y otros alimentos de Yucatán (ver pp. 68-69).

④ La Palapa, Celestún
MAPA A3 ■ Calle 12, junto al cruce con calle 11 ■ (988) 916 2063 ■ $$

Esta cómoda terraza de playa con unos sabrosos platos de pescado, gambas y pulpo con mucho cilantro, suele ser la principal opción de Celestún.

⑤ Hacienda Ochil
MAPA C3 ■ Salida de la autopista 261, señalizado a unos 40 km de Mérida ■ (999) 924 7465 ■ $$

Este restaurante situado en una hacienda restaurada ofrece especialidades yucatecas tradicionales en su deliciosa terraza.

⑥ Hacienda Uxmal, Uxmal
MAPA C4 ■ Antigua Carretera Mérida-Campeche km 78 ■ $$$

Situado frente a las ruinas de Uxmal, este restaurante tiene un jardín tropical, obras de arte étnicas y una espléndida cocina internacional.

⑦ La Chaya Maya, Mérida
MAPA C2 ■ Esquina calle 62 y calle 57, entre 60 y 62 ■ $$

Un oasis de comida yucateca de calidad a precios razonables en una zona cara. Los platos van desde salbutes a cochinita pibil (ver p. 71).

⑧ La Pigua, Campeche
MAPA A5 ■ Alemán nº 179A ■ $$

Aprovechándose de la privilegiada situación de Campeche en el Golfo de México, La Pigua sirve pescados y mariscos súper frescos en un entorno sencillo pero sofisticado.

Casa de Piedra, Xcanatún

⑨ Casa de Piedra, Xcanatún
MAPA C2 ■ Xcanatún, 12 km al norte de Mérida ■ (999) 941 0213 ■ $$$

Casa de Piedra es una atractiva y cómoda hacienda-restaurante con jardín, combina la cocina local y caribeña con algunos toques franceses (ver p. 71).

⑩ Hacienda San José Cholul
MAPA C2 ■ Autopista Tixkokob-Tekanto, km 30 ■ (999) 924 1333 ■ $$$

Situado en una encantadora hacienda colonial, este gran restaurante dispone de jardín. El servicio es excelente.

Ver mapa en p. 108

Datos útiles

**Coloridos edificios coloniales en la
antigua ciudad amurallada de Campeche**

Cómo llegar y moverse	**118**
Información práctica	**120**
Dónde alojarse	**126**
Índice general	**134**
Agradecimientos	**141**

Cómo llegar y moverse

Llegada en avión

Desde España **Air Europa, Wamos Air** y **Evelop** programan vuelos directos de Madrid a Cancún. La oferta se amplía si se realizan escalas. Por lo general, los vuelos no directos procedentes de Europa suelen efectuar su parada en la capital mexicana, como en el caso de **Aeroméxico**; en cambio, **Iberia** se detiene en Miami. También se debe tener en cuenta la posibilidad de viajar en un vuelo chárter. En México el billete de ida y vuelta se denomina boleto redondo.

Hay vuelos frecuentes entre Ciudad de México y los aeropuertos regionales. Entre las aerolíneas que vuelan a la zona están las compañías más importantes como **American Airlines** y **United Airlines**, así como **Aeroméxico, Interjet, Magnicharters, Viva Aerobus, Air Europa,** y **Volaris**.

El **Aeropuerto de Cancún**, a 15 km al sur de la ciudad, cerca del punto más meridional de la isla de Cancún, es el principal aeropuerto del Yucatán.

Los minibuses *colectivos* son el medio de transporte más sencillo desde el aeropuerto a la ciudad. Tardan una hora, van por la Zona Hotelera y Ciudad Cancún (el centro de la ciudad) y dejan a cada pasajero en su hotel.

Puede ser difícil encontrar taxi en el aeropuerto. Sin embargo, cuando vaya al aeropuerto, cualquier taxi de Cancún puede llevarle hasta allí.

Hay también transporte público desde el aeropuerto de Cancún a otros destinos. El autobús de la Riviera Maya sale hacia Puerto Morelos y Playa del Carmen casi cada hora entre las 10.30 y las 19.00. Hay también *colectivos* cada hora en el exterior de la zona de las llegadas nacionales, 6.00-18.00. Si va a ir a cualquier otro lugar de la costa, tome el autobús a Playa del Carmen y continúe desde allí.

Los aeropuertos de Cozumel y Mérida también tienen conexiones internacionales. **El aeropuerto de Cozumel** está justo al norte de la ciudad de San Miguel; el **aeropuerto de Mérida** está a unos 4 km al suroeste del centro de la ciudad. Hay taxis y *colectivos* en ambos aeropuertos.

Llegada en coche

En coche desde Estados Unidos necesitarás una Tarjeta de Turista si tienes planeado viajar más allá de 12 millas (20 km) de la frontera y vas a estar más de 72 horas. También deberías conseguir un seguro mexicano y un permiso de entrada temporal para tu vehículo, que es válido para seis meses. Calcula cinco días o así de coche desde la frontera de Texas al Yucatán. Sin embargo, vale la pena señalar que la mayoría de las compañías de alquiler de coches de Estados Unidos no permitirán que sus coches se adentren en México. Ten en cuenta que la frontera de Estados Unidos con México, especialmente alrededor de Ciudad Juárez y Tijuana, es un punto caliente de la guerra de la droga en México, así que es esencial tomar precaución adicional.

Llegada en autobús

Los autobuses son la principal forma de transporte para viajes largos en el Yucatán, a menos que alquiles un coche o un vuelo. Los autobuses de primera clase tienen aire acondicionado y hacen el recorrido entre las ciudades y los pueblos con pocas paradas. Los autobuses de segunda clase son más baratos, un poco menos cómodos y paran más a menudo.

Cada ciudad y la mayoría de los pueblos tienen servicio local de autobuses.

Los destinos se suelen mostrar en las pantallas, pero los **autobuses a Cancún** mostrarán los números de ruta (las rutas R-1 y R-2 recorren arriba y abajo la Zona Hotelera y Ciudad Cancún). Los *colectivos*, también conocidos como *combis*, son minibuses que te llevan a las zonas más pequeñas y alejadas y suelen salir cuando se llenan.

Llegada en ferri

Los ferris de pasajeros salen a Isla Mujeres desde Puerto Juárez, que está justo al norte de Cancún, con un intervalo de cada media hora aproximadamente todos los días. Las lanchas rápidas te llevarán allí en 20 minutos. También hay varios ferris diarios para coches desde Punta Sam, al norte de Puerto Juárez. Los barcos de enlace salen desde diferentes puntos de la playa de Cancún, también.

Los ferris de pasajeros los dirige **Ultramar** y **Mexico Waterjets** sale cada dos horas aproximadamente entre Playa del Carmen y Cozumel.

Cómo llegar y moverse

El viaje dura unos 45 minutos. Un barco de enlace de Cozumel sale de Playa Tortugas o Muelle Fiscal en Cancún.

El ferry para coches, que sale de Puerto Morelos a Cozumel, es caro y poco frecuente.

En taxi

Los taxis en Cancún y el Yucatán no suelen tener taxímetro, sino que hay precios fijos oficiales para cada localidad. En Cancún, los precios oficiales son significativamente más caros para los viajes desde y hacia la Zona Hotelera que para los de Ciudad Cancún. Ten en cuenta que los taxistas en algunos lugares, especialmente Cancún, tiene la mala reputación de cobrar a los extranjeros mucho más de los precios fijados.

El complicado sistema de precios oficiales en Cancún, donde hay tarifas diferentes para la Zona Hotelera y Ciudad Cancún, hace más fácil el fraude.

Donde quiera que vayas a ir, acuerda un precio antes de tomar el taxi, y rechaza firmemente cualquier otra escandalosa propuesta.

Desplazarse en coche

Un coche te permite llegar a las ruinas maya y las playas más aisladas de la región mucho más fácilmente.

Hay oficinas de alquiler de sobra por toda la Riviera Maya, incluyendo compañías mundiales como **Avis** y **Alamo**, pero si viajas por el Yucatán, es mejor alquilar en Mérida, con compañías más pequeñas que suelen cobrar precios más baratos. Para alquilar un coche debes tener más de 21 años y el carné de conducir, el pasaporte, y tarjeta de crédito.

Los todoterrenos son populares, ya que algunos de los caminos más remotos no están asfaltados.

Los precios suelen ser más bajos que en Europa tanto para los de gasolina sin plomo (magna o calidad superior Premium) como para los diésel.

A veces los empleados de la gasolinera empiezan a repostar con algunos pesos ya en el indicador de gasolina. Para evitar esto, sal del coche y comprueba el surtidor primero. El empleado debería mostrar que está en cero. En las áreas rurales, las gasolineras son pocas y están distantes entre sí, así que llena el depósito cada vez que puedas.

Hay dos autopistas rápidas de peaje en el Yucatán –la 180-Cuota del trayecto entre Cancún y Mérida, y otro tramo desde Campeche hasta Champotón. Los peajes son relativamente altos, así que muchos conductores prefieren la vieja carretera (180-Libre).

La principal peculiaridad de conducir en México es el *tope*, o resalto (badenes), diseñado para hacer más seguras las calles para los peatones. Aunque suelen estar señalizados, son muy empinados y puede ser que los conductores estén desprevenidos, provocando daños en los vehículos que van a una velocidad superior a la de caminar.

Además la noche cae muy pronto en los trópicos, y no hay iluminación en todas las áreas de la ciudad. Los *topes*, los baches, y la gente en bicicleta pueden llegar a ser un peligro enseguida.

A pie

Las ciudades del viejo Yucatán como Mérida, Campeche, y Valladolid son bastante compactas y pasear es la mejor manera de conocerlas. El transporte motorizado solo es realmente necesario en Cancún.

Otros medios de transporte

Muchos complejos hoteleros tienen carritos de golf y motocicletas para alquilar. Cancún tiene un carril bici que recorre la Zona Hotelera, y los hoteles a menudo tienen bicicletas para los huéspedes.

INFORMACIÓN

LLEGADA EN AVIÓN

Aeroméxico
w aeromexico.com

Aeropuerto de Cancún
w cancun-airport.com

Aeropuerto de Cozumel
w cozumelairport.org

Aeropuerto de Mérida
w asur.com.mx/en/airports/merida

Air Europa
w aireuropa.com

Evelop
w evelop.com

Interjet
w interjet.com.mx

Magnicharters
w magnicharters.com.mx

United Airlines
w united.com

Viva Aerobus
w vivaaerobus.com

Volaris
w volaris.com/en

Wamos Air
w wamosair.com

LLEGADA EN AUTOBÚS

Cancún buses
w cancun.travel/en

MOVERSE EN FERRI

Mexico Waterjets
w mexicowaterjets.com

Ultramar
w granpuerto.com.mx

MOVERSE EN COCHE

Alamo
w alamo.com.mx

Avis
w avis.mx

Información práctica

Documentación

Los ciudadanos de los estados de la UE no necesitan visado para estancias de hasta seis meses en México.

Todos los visitantes deben rellenar una tarjeta de turista, en la que se le pondrá un sello indicando la duración de la estancia, desde 30 días a los seis meses. Asegúrese de llevarla junto a tu pasaporte, ya que se recoge en facturación al salir del país. Si desea permanecer más de 30 días, pregunte al funcionario de inmigración, o solicite una prórroga en la **Oficina de Inmigración** en el aeropuerto de Cancún. A veces los requisitos para entrar cambian, así que compruebe cómo está la situación antes de viajar a México.

En Mérida y Cancún hay un Consulado honorario de España.

Aduana

Todos los turistas deben rellenar un impreso de aduanas a su llegada. Hay restricciones para la entrada de plantas, alimentos perecederos y especialmente armas de fuego, que serán confiscadas sin compensación.

Seguridad

En estas páginas del **Ministerio de Asuntos Exteriores** encontrará información actualizada sobre los aspectos relacionados con la seguridad: www.exteriores.gob.es

Seguro de Viaje

Solicite un buen seguro de viaje que cubra las cancelaciones, la pérdida de equipaje, robos y cualquier eventualidad médica, incluyendo la repatriación. Si piensa hacer submarinismo durante sus vacaciones podría necesitar un seguro adicional, así que compruebe cuidadosamente las condiciones de su seguro antes de viajar.

Salud

No es obligatorio vacunarse para los que viajan a México, pero es aconsejable estar inmunizado contra la fiebre tifoidea, el tétanos, la polio y la hepatitis A.

Si va a adentrarse en áreas de bosque o jungla de otros lugares de México o América Central, consulte a su médico sobre la medicación contra la malaria. Lleve un botiquín de primeros auxilios que incluya crema contra las picaduras, toallitas antisépticas y medicamentos para el estómago.

Si necesita asistencia médica y tiene un seguro médico completo de viaje, vaya a una clínica privada, como **AmeriMed** en Cancún o el **Centro Médico de las Américas** en Mérida, que tienen personal angloparlante.

En las pequeñas ciudades y áreas rurales, los centros de salud tienen servicios de emergencias. Todos los pueblos y ciudades mexicanos tienen farmacias, a menudo abiertas las 24 horas del día, con gran variedad de medicamentos.

La calidad del agua de grifo ha mejorado bastante, especialmente en Cancún. Sin embargo, para mayor seguridad, mejor beber solo agua embotellada o purificada.

La mayoría de los restaurantes y bares la usan para hacer hielo, pero no viene mal comprobarlo.

Los manglares son lugares propicios para los mosquitos, que son más activos al atardecer, cuando invaden las áreas vecinas –especialmente alrededor de Sian Ka'an, en la Isla Holbox y de las áreas acuáticas y de los cenotes detrás de la costa cerca de Tankah, Puerto Morelos, y otros puntos de la Riviera. La mejor forma de evitar su picadura es alejarse de esas áreas al atardecer. Aunque los mosquitos en Yucatán no contagian la malaria, protegerse y usar repelente de insectos es esencial. Los productos más efectivos contienen DEET. Podrá elegir mejores repelentes si los compra antes de ir a México.

Seguridad personal

Yucatán por lo general es bastante tranquilo, pero tenga cuidado con los carteristas y con los delitos menores. Hay ciertos problemas en algunas calles de Cancún, Mérida y Playa del Carmen, y las cabañas más baratas a veces son asaltadas. Las mujeres solas deben tener cuidado en Playa del Carmen y en zonas de Cancún y Tulum. Es más prudente evitar calles vacías por la noche, playas solitarias alrededor de Playa y áreas oscuras en las ruinas mayas.

En las áreas turísticas hay a menudo kioscos con empleados insistentes que acorralan a los turistas preguntando si quieren "información." Realmente están vendiendo excursiones o viajes compartidos, así que mejor ceñirse a las oficinas de turismo oficiales (ver p. 123).

Entre septiembre a noviembre es la época más propicia para los huracanes. México tiene buenas medidas antihuracanes, y muchos edificios en Cancún y la Riviera tienen señales naranjas que las identifican como refugio oficial anticiclones, para que se utilicen como refugio público si es necesario en caso de huracán. La mayoría de las aguas de Yucatán son tranquilas, pero tenga especial cuidado en las playas orientales de Isla Mujeres y Cozumel, y en las playas de surf de Isla de Cancún, donde los mares son más bravos y puede haber una fuerte resaca. Compruebe las banderas de advertencias antes de darse un baño (azul es seguro; amarillo significa precaución; rojo, prohibido de bañarse).

A lo largo de la Riviera hay varios servicios de urgencias de gran calidad para los buceadores, todos ligados a expertos buceadores cualificados.

Servicios de emergencias

Hay números de teléfono específicos para los servicios de **emergencias** en Cancún y Mérida, pero por lo general es mejor llamar directamente a la policía local o a la **Cruz Roja** en caso de urgencia médica. En Cancún, las clínicas privadas con personal angloparlante también tienen ambulancia de urgencias. Si está en un hotel, el recepcionista podrá llamar por usted para hacer que un médico venga al hotel, o para que un taxi o ambulancia le lleven al hospital.

En la mayoría de las ciudades, normalmente la comisaría de la policía está cerca de la plaza principal o al lado del ayuntamiento. Cancún o Mérida (y otras pocas ciudades) también tiene **policía turística** y algunos de los agentes hablan inglés.

INFORMACIÓN

PASAPORTES Y VISAS

Consulado General de México en Barcelona
Paseo de la Bonanova, 55
08017 Barcelona
☎ 93 201 18 22

Consulado Honorario de España en Cancún, México
Bulevar Kukulcan esq. Cenzontle, Lote 1
Edificio Oasis,
Zona Hotelera Cancún,
Q.R. México
☎ (+52) (998) 848 9989
   (+52) (998) 848 9900
🌐 consulado_honorario@sercc.com.mx

Consulado Honorario de España en Mérida, México
Calle 50 # 402, D x 33
Edificio "Vector 50"
Colonia Jesús Carranza
97109 Mérida, Yuc.
México
☎ (+52) (999) 948 3489
🌐 consulado.es.mid@gmail.com

Embajada de México en España
Carrera de
San Jerónimo, 46
28014 Madrid
☎ 91 369 28 14
Fax: 91 420 22 92

SEGURIDAD

Ministerio de Asuntos Exteriores
🌐 www.exteriores.gob.es

SANIDAD

AmeriMed, Cancún
Avda. Plaza las Américas
Bonampak, Cancún
☎ (998) 881 3400
🌐 amerimedcancun.com

Centro Médico de las Américas, Mérida
Calle 54, nº 365, nr Paseo Montejo, Mérida
☎ (999) 926 2111
🌐 centromedicodelasamericas.com.mx

EMERGENCIAS

Urgencias, Cancún
☎ 060

Urgencias, Mérida
☎ 066

Cruz Roja, Cancún
☎ 065 o (998) 884 1616

Cruz Roja, Mérida
☎ (999) 924 9813
(Mérida)

Policía turística, Cancún
☎ 066

Policía turística, Mérida
☎ 066 o (999) 983 1184

Cambio de moneda y bancos

La moneda de México es el peso. El peso y el dólar tienen el mismo símbolo; los precios marcados en dólares americanos normalmente tienen el prefijo US$ o el sufijo USD.

Muchos negocios de la Riviera también aceptan dólares americanos, y muchos turistas usan esta moneda durante el viaje. Aunque hay que tener en cuenta que los precios en dólares americanos son normalmente más altos que en pesos.

La mayoría de los bancos tiene al menos un cajero automático, aunque puede ser difícil encontrarlos en las áreas rurales. En todas las zonas turísticas hay numerosas oficinas de cambio de moneda extranjera.

Las tarjetas Mastercard y VISA son ampliamente aceptadas para grandes compras en hoteles de nivel medio o superior, en tiendas y en escuelas de buceo; American Express es menos popular.

Las tarjetas de crédito son esenciales para alquilar coches, pero algunos restaurantes y la mayoría de tiendas pequeñas no las aceptan. La lista de precios de hoteles y restaurantes en este libro es en dólares americanos.

Teléfono e Internet

Para hacer una llamada a cualquier lugar de México fuera de su zona local, primero marque 01, después los tres números del prefijo, 998 para Cancún, 997 para Playa del Carmen o 999 para Mérida (se dan todos los números en esta guía) seguidos del número al que vaya a llamar. Dentro de la misma zona, solo tiene que marcar las siete cifras del número. Para llamar a móviles hay que marcar primero 044. Para llamar fuera de México, marque 00 seguido del prefijo del país. Para llamar a México desde el extranjero el prefijo es 52.

Los teléfonos públicos blancos para llamadas a larga distancia *(lada)* son comunes en la región.

La mayoría acepta tarjetas de teléfonos, que son fáciles de encontrar. En cada pueblo hay siempre una *caseta*, u oficina de teléfono. Los cibercafés también son comunes, y la mayoría de los hoteles y muchos restaurantes y bares tienen WiFi.

Servicio postal

Los sellos *(estampillas)* se pueden comprar en cualquier tienda y tienen el símbolo de Expendio de Estampillas. El servicio de correo mexicano es de poca confianza –para algo de importancia, es mejor recurrir al servicio de mensajería **Mexpost**, disponible en las principales oficinas de correos.

Televisión, Radio y Prensa

La mayoría de los hoteles tienen televisión por cable o satélite con varios canales de noticias, deportes y de entretenimiento en inglés, la mayoría de ellos estadounidenses.

El **Mexico News Daily** tiene una página web muy útil. El periódico diario en español **Diario de Yucatán** tiene información sobre fiestas y acontecimientos locales. Las revistas gratuitas en inglés, incluyendo **Cancún Tips**, **Free Blue Guide** de Cozumel, **Yucatán Today** en Cancún y **The Playa Times** de Playa del Carmen, se pueden encontrar en las oficinas de turismo, hoteles y cafeterías. También tienen planos de sus diferentes zonas.

Horarios

La mayoría de las tiendas abren sobre las 8.30 y cierran hacia las 19.00 de lunes a sábado, y las más tradicionales cierran de 13.00-15.00 para comer. Los mercados suelen abrir muy temprano, antes de las 8.00, y cerrar entre las 14.00-15.00. Los bancos por lo general abren de 8.30-16.00 de lunes a viernes, y de 9.00-13.00 los sábados, pero algunos podrían no cambiar dinero por las tardes o los sábados. Las oficinas de correos suelen abrir de 9.00-18.00 de lunes a viernes, y de 9.00-13.00 los sábados. Las oficinas de los pueblos pequeños pueden abrir solo las mañanas de los días de diario.

Diferencia horaria

En 2015, el estado de Quintana Roo, que incluye Cancún y la Riviera, cambió el huso horario: ahora está a 5 horas menos que la hora de Greenwich todo el año. Yucatán y Campeche, que forman el resto de la península del Yucatán, tienen 5 horas menos que la hora media de Greenwich en verano, y seis horas menos en invierno.

Electricidad

La electricidad en México funciona a 110 voltios, como en Estados Unidos y Canadá, y con se usa el mismo tipo de enchufe plano estadounidense. Para los aparatos que usen 220-240 voltios tendrá que usar transformadores y adaptadores para enchufes.

Clima

El Yucatán tiene clima tropical, con una estación seca de noviembre a junio y otra húmeda de junio a noviembre. De septiembre a noviembre es la estación de los huracanes. La temporada alta de vacaciones (por tanto con precios más altos) es de mediados de diciembre a marzo, y de julio a agosto. Los precios más bajos se encontrarán por lo tanto entre mayo y

Información práctica « **123**

junio, y entre octubre y noviembre.

Dependiendo de la fechas del trimestre, en marzo y en abril, los complejos hoteleros más animados suelen ser más populares entre jóvenes estudiantes universitarios norteamericanos en sus vacaciones de primavera.

Información turística

Hay oficinas de turismo con personal muy preparado en **Cancún, Mérida, Campeche, Playa del Carmen, Valladolid** e **Isla Mujeres**. Hay páginas web muy útiles como **mexonline.com, rivieramaya.com, cancun.com** y **cozumel.travel**. Mexico Tourism también tiene oficinas **en Gran Bretaña, Estados Unidos** y **Canadá**.

Turistas con discapacidad

Los grandes hoteles y complejos turísticos en Cancún y Cozumel tienen buenas instalaciones para personas en silla de ruedas, pero consúltelo antes de reservar. Los hoteles de edificios coloniales pueden ser de difícil acceso, pero a veces tienen habitaciones acomodadas en la primera planta. Los baños adaptados se están instalando en edificios oficiales, especialmente en Cancún y los principales complejos turísticos, pero son difíciles de encontrar en otras partes. Las aceras de Cancún tienen rampas para las sillas de ruedas en los cruces de las calles. En otras partes encontrará dificultades en el bordillo de las aceras.

Las medidas de movilidad para discapacitados en los transportes públicos son escasas, aunque hay rampas de sillas de rueda y baños adaptados en el aeropuerto de Cancún. Los autobuses raramente tienen instalaciones especiales para sillas de rueda, pero los conductores suelen facilitar el acceso.

Se embarca con mayor facilidad en los lentos ferris a Isla Mujeres que en los rápidos, que son cerrados, y además la tripulación ayuda al acceso. Para Cozumel, no hay más elección que las embarcaciones cerradas desde Playa del Carmen, pero el personal puede ayudar al acceso.

De los otros puntos de interés turístico, los parques ecológicos en general son más fáciles de visitar. La mayoría de las ruinas mayas tiene escalones y estrechos caminos empedrados, pero en lugares más grandes como Chinchén Itzá y Uxmal hay caminos relativamente más accesibles. **Yucatek Divers** en Playa del Carmen tiene un programa para submarinistas discapacitados. **Access-Able, SATH** y **Mobility International USA** son también recursos útiles.

INFORMACIÓN

SERVICIOS POSTALES

Mexpost
w correosdemexico.com

TV, RADIO Y PRENSA

Cancun Tips
w cancuntips.com

Diario de Yucatán
w yucatan.com.mx

Free Blue Guide
w thefreeblueguide.com

Mexico News Daily
w mexiconewsdaily.com

The Playa Times
w theplayatimes.com

Voice of America
w voanews.com

Yucatan Today
w yucatantoday.com

INFORMACIÓN TURÍSTICA

Cancun.com
w cancun.travel/en/

Isla Cozumel
w cozumel.travel

Mexonline.com
w mexonline.com

Oficina de turismo de Campeche
Casa Seis, Parque Principal
w campeche.travel

Oficina de turismo de Cancún
Cancún Town Hall, Avda. Tulum

Oficina de turismo de Isla Mujeres
Avda. Rueda Medina 130

Oficina de turismo de Mérida
Calle 62, Centro Palacio Municipal

Oficina de turismo de Playa del Carmen
Avda. Juárez, esquina Avda. 15

Oficina de turismo de Valladolid
Esquina sudeste de la plaza de la ciudad
w valladolid.gob.mx/turismo

Riviera Maya
w rivieramaya.com

Web oficial de turismo de México
w visitmexico.com/es

TURISTAS CON DISCAPACIDAD

Access-Able
w access-able.com

Mobility International USA
w miusa.org

Society for Accessible Travel and Hospitality (SATH)
w sath.org

Yucatek Divers
Avda. 15 Norte, entre C/2 y 4, Playa del Carmen
(984) 803 2836
w yucatek-divers.com

Recorridos y excursiones

Las agencias de viajes locales pueden ser una buena solución para hacer recorridos inusuales, submarinismo, excursiones a los bosques y cosas así. Entre las mejores está **Mayan Heritage** en Mérida. Muchas agencias ofrecen visitas guiadas a las principales ruinas mayas, pero pocas le permiten estar más de hora y media en el sitio, y a menudo llegan todas a la vez durante las horas más calurosas del día.

Para una sencilla visita a la ciudad, el autobús Paseo turístico de Mérida sale del Parque Santa Lucía varias veces al día. En Campeche, el Tranvía de la Ciudad organiza los recorridos en autobús desde el Parque Principal, y otro autobús, El Guapo, también realiza excursiones a la fortaleza museo de San José y San Miguel.

Chinchén Itzá, Uxmal y Cobá tienen guía oficiales, que pueden enseñarle el lugar y cobran por una hora de visita. Hablan varios idiomas, y a menudo tienen muy buena formación, aunque los guías de los lugares más pequeños es probable que estén menos preparados.

Las compañías de la Reserva de la Biosfera de Sian Ka'an (ver pp. 26-27) ofrecen excelentes excursiones de un día, y un buen número de compañías, como **Alltounative**, **Ecoturismo Yucatán** y **Ecocolors**, están especializadas en viajes a la naturaleza y de observación de aves. Los pescadores de los Petenes de Campeche (ver p. 54) podrán llevarle a lugares que nunca descubriría si no conoce la zona, y los marineros del Río Lagartos y Celestún (ver p. 55) organizan viajes para ver flamencos.

La mayoría de las excursiones ecológicas las organizan pequeños operadores, que pueden ser difíciles de encontrar. Las páginas web de las organizaciones **Yucatan Wildlife** y **Probatura** son una fuente de información esencial.

Las tiendas de submarinismo abundan en la Riviera, muchas de las cuales también ofrecen excursiones de buceo con tubo, incluyendo **Aquatech**, **Almost Heaven**, **Phocéa Caribe**, **Yucatek Divers** (ver p. 123), **Aqua World** (ver p. 56) y **Squalo Adventures**. Varias compañías de submarinismo, ofrecen excursiones a los cenotes, con buceo con botella o con tubo, especialmente alrededor de Tulum.

Las agencias especializadas en excursiones y cabañas de pesca recomiendan reservar con bastante antelación. Para una pesca ocasional, los mejores lugares son Isla Mujeres, Cozumel, Isla Holbox y Puerto Morelos.

Para vuelos en avioneta, se encuentra **Aerosaab** en Playa del Carmen e Isla Mujeres, o podría probar volar en helicóptero con **Cancún Helicopter**.

Compras

La Riviera es un enorme almacén de *souvenirs*: encontrará centros comerciales dedicados enteramente a *souvenirs* en Cancún y Playa del Carmen. Mérida y Campeche tienen tiendas oficiales de artesanía (casas de artesanías), donde venden artesanía tradicional, aunque los precios son más altos de lo normal.

Las joyerías destinadas a los pasajeros de los cruceros son una especialidad de Cozumel y, en menor medida, de Isla Mujeres y Cancún. Además de joyería ostentosa, venden artículos hechos con jade, ámbar y obsidiana negra local. Playa del Carmen y Cancún tienen un buen número de tiendas que ofrecen piezas de plata de calidad. Los finos bordados con estampados de flores vivas sobre un fondo blanco son uno de los productos más tradicionales de Yucatán, que a menudo aparecen en las sencillas blusas *huipíl* de las mujeres mayas, pero también en otros artículos como pañuelos y manteles. Valladolid y Mérida son los mejores lugares para encontrar buenos bordados.

Las hamacas varían mucho en calidad. Las más resistentes son cien por ciento algodón. Las tiendas especializadas en hamacas en la zona del mercado de Mérida son las mejores.

Los Panamá son excelentes sombreros y los mejores recuperarán su forma incluso después de ser doblados en la maleta: diríjase al mercado de Mérida y a las pequeñas tiendas especializadas alrededor.

Para comprar tequila aproveche la excelente selección libre de impuestos del aeropuerto de Cancún. Entre las especialidades locales más baratas de Yucatán está el ron fino y el *xtabentún*, una bebida dulce tradicional maya de hierbas y miel.

En los mercados se acepta el regateo, especialmente para artículos mayores, pero no debería ser demasiado insistente. Muchas tiendas ofrecen descuentos si compra más de un artículo.

Dónde comer

Un restaurante será normalmente más cómodo que una *lonchería* con sillas de plástico (donde se toma el "lonch") o una *cocina económica*, que ofrece una buena y sencilla cocina local.

La mayoría de los camareros no le traerán la cuenta hasta que la pida. Es normal dejar una propina, en torno al 10 por ciento;

en la Riviera los camareros suelen esperar un 15 por ciento. Algunos restaurantes añaden un cargo por servicio, generalmente el 10 por ciento, a la cuenta.

En la mayoría de las mesas de los restaurantes encontrará dos cuencos con salsas. La roja es relativamente suave; la verde, hecha con chile habanero, hace estallar la cabeza a los que no están acostumbrados. Aparte de eso, los platos del Yucatán son más aromáticos que picantes.

Los mexicanos toman tentempiés constantemente. Algunos platos son pequeños, otros son grandes fuentes que mezclan pescado, marisco y ensaladas. En cada ciudad y pueblo hay vendedores que ofrecen tacos, *tortas* y otros *antojitos* (ver p. 69), helados y frutas.

La zona tiene una gran variedad de fruta fresca, como mangos, sandías y la fruta nativa *mamey*. Las tiendas de zumos sirven los zumos de tres maneras: como zumo normal; un *licuado*, mezclado con un poco de agua o leche; o un agua, con hielo y agua.

El tequila procede de Jalisco, pero puede encontrarlo en Yucatán, y algunos bares están especializados en degustaciones de diferentes marcas. *Blanco* es el tequila más joven; *reposado* es el que tiene hasta once meses; *añejo*, que es más oscuro, es el que ha envejecido hasta cinco años. Al ser en gran medida exportado, el tequila ha llegado a ser bastante más caro en el mismo México.

Igual que las marcas de cerveza internacionales, Yucatán tiene su propia cervecera, Montejo, que tiene una buena cerveza suave (Montejo Especial), y una estupenda cerveza tipo *ale*, León Negra.

La mayoría de los restaurantes solo tiene una pequeña selección de vinos mexicanos; los restaurantes exclusivos normalmente sirven vinos importados de Estados Unidos, Europa y Chile, a precios muy altos.

La *cantina* es el bar más tradicional de México. Solía haber leyes que excluían a las mujeres y decretaban que nadie las podía ver allí. Todavía se pueden encontrar cantinas al estilo antiguo, con puertas secretas con celosía, pero las más modernas son realmente más cómodas.

Dónde alojarse

La región acoge una gran variedad de alojamientos adecuados a todos los bolsillos, desde los lujosos complejos turísticos y hoteles de diseño hasta casas de huéspedes de gestión familiar y albergues económicos. **Booking.com**, **Hotels.com**, y **BestDay.com** son muy útiles para hacer reservas. Las cabañas, a menudo con cocina, son una buena opción asequible para familias y grupos. Las haciendas (ranchos de la época colonial) son una opción más cara, aunque muy evocadora. Otra opción es alojarse en casas privadas o villas que se reservan en páginas web como **Homestay.com**, **VRBO** y **AirBnB**.

INFORMACIÓN

RECORRIDOS Y EXCURSIONES

Aerosaab
(998) 865 42 25
aerosaab.com

Almost Heaven Adventures, Puerto Morelos
(998) 846 8009
almostheavenadventures.com

Alltournative, Playa del Carmen
(984) 803 9999
alltournative.com

Aquatech-Villas de Rosa, Akumal
(984) 875 9020
cenotes.com

Helicóptero Cancún
(998) 197 4324
cancunhelicopter.com

Cenote Dive Center, Tulum
(984) 876 3285
cenotedive.com

Ecocolors, Cancún
(998) 884 9580
ecotravelmexico.com

Ecoturismo Yucatán, Mérida
(999) 920 2772
ecoyuc.com.mx

Mayan Heritage, Mérida
(999) 924 9267
mayanheritage.com.mx

Phocéa Caribe, Playa del Carmen
(984) 873 1210
phocea-mexico.com

Pronatura
(555) 635 5054
pronatura.org.mx

Squalo Adventures, Isla Mujeres
(998) 274 1644
squaloadventures.com

Yucatan Wildlife
(998) 274 1644
yucatanwildlife.com

DÓNDE DORMIR

AirBnB
airbnb.com

BestDay.com
bestday.com

Booking.com
booking.com

Homestay.com
homestay.com

Hotels.com
hotels.com

VRBO
vrbo.com

Dónde alojarse

> **PRECIOS**
> Habitación doble (a veces con desayuno), servicio e impuestos incluidos.
>
> $ menos de 60 $ $$ 60-150 $ $$$ más de 150$

Hoteles de lujo

Casa de los Sueños, Isla Mujeres
MAPA L2 ■ Carretera Garrafón ■ (998) 877 0651 ■ www.casasuenos.com ■ $$$
Este apartado hotel se encuentra en la punta meridional de Isla Mujeres. Tiene diez espaciosas habitaciones, una piscina y una terraza junto al mar, todo de estilo mexicano contemporáneo. Sorprendente y sumamente cómodo.

Fiesta Americana, Mérida
MAPA C2 ■ Paseo de Montejo 451 ■ (999) 942 1111 ■ www.fiestaamericana.com ■ $$$
El principal hotel de Mérida es moderno pero el estilo del edificio es el de una ornamentada mansión francesa con un espectacular atrio con vidrieras. Las habitaciones son amplias y están bien equipadas.

Fiesta Americana Grand Coral Beach, Cancún
MAPA L4 ■ Bulevar Kukulcán, km 9,5 ■ (998) 881 3200 ■ www.coralbeachcancunresort.com ■ $$$
El enorme hotel Coral Beach, con cascadas de vegetación colgando de sus muchos balcones, dispone de 602 habitaciones y de un amplio catálogo de instalaciones, como canchas de tenis, una pista para correr propia y una playa privada.

Hacienda Chichén, Chichén Itzá
MAPA E3 ■ (999) 920 8407 ■ www.haciendachichen.com ■ $$$
Está situada en una antigua hacienda colonial cercana a Chichén Itzá. La mayor parte de sus amplias habitaciones se encuentran en los *bungalows* utilizados por los arqueólogos que trabajaron aquí en los años 20. Ahora es un premiado balneario ecológico que ofrece comida orgánica y tratamientos holísticos.

Hacienda Uxmal
MAPA C4 ■ (998) 887 2495 ■ www.mayaland.com/hacienda-uxmal ■ $$$
Este gran hotel cercano a las ruinas de Uxmal fue construido en los años 50 en torno a sus elegantes patios de estilo colonial. Las amplias habitaciones tienen terraza y están decoradas con muebles de madera con gran carácter. El servicio es encantador.

Hotel Secreto, Isla Mujeres
MAPA L1 ■ Playa Norte ■ (998) 877 1039 ■ www.hotelsecreto.com ■ $$$
Pequeño hotel escondido en un extremo de isla Mujeres, y a pesar de estar a solo unos minutos a pie del centro ciudad, es un hotel muy tranquilo. Las nueve suites tienen camas con dosel y vistas al Caribe. También cuenta con una amplia piscina y un bar salón.

InterContinental Presidente, Cozumel
MAPA R5 ■ Carretera a Chankanaab, km 6,5 ■ (1) 877 660 8550 ■ www.intercontinental.com ■ $$$
Es uno de los hoteles más antiguos de la isla, y aunque es grande para Cozumel, es pequeño para los estándares de Cancún (218 habitaciones). Disfruta de una excelente localización y tiene puerto propio. Se organizan excursiones de buceo y pesca, aunque algunas partes del arrecife se encuentran a una corta distancia a nado de la playa privada de arena blanca.

JW Marriott, Cancún
MAPA K5 ■ Bulevar Kukulcán, km 14,5 ■ (998) 848 9600 ■ www.marriott.com ■ $$$
Este gran hotel de Cancún se encuentra junto al hotel Casa Magna, de la misma compañía, pero algo más antiguo. Posee las más modernas instalaciones, desde un lujoso balneario a multitud de accesorios electrónicos en las habitaciones.

Ritz Carlton, Cancún
MAPA K5 ■ Retorno del Rey 36 ■ (998) 881 0808 ■ www.ritzcarlton.com ■ $$$
El Ritz Carlton, que parece un enorme palacio renacentista, es el más lujoso de los hoteles de Cancún. Sus 365 habitaciones tienen vistas al mar desde sus balcones o terrazas. Cuenta con una playa privada y cinco restaurantes, además de un balneario y una escuela de cocina.

Dónde alojarse « 127

Zoëtry Villa Rolandi, Isla Mujeres
MAPA L1/2 ■ Fraccionamiento Laguna Mar ■ (998) 999 2000 ■ www.zoetryresorts.com/mujeres ■ $$$
Este hotel de modesto tamaño, al oeste de la laguna Macax de Isla Mujeres, tiene su propia playa y embarcadero, así como unas maravillosas vistas a Cancún. No admite niños menores de 13 años pero está especializado en lunas de miel. Cada terraza dispone de *jacuzzi*.

Haciendas y hoteles de moda

Hacienda Yaxcopoil, cerca de Mérida
MAPA C2 ■ Pueblo de Yaxcopoil ■ (999) 900 1193 ■ www.yaxcopoil.com ■ $$
El Yaxcopoil, que se encuentra en una de las mayores haciendas antiguas de la región, que se extiende por 8.900 ha, es un evocador lugar para pasar la noche. Su casa principal está llena de arte y muebles de época colonial, además de una capilla, un pequeño museo maya, además de la encantadora residencia con habitaciones con baño privado.

Casa Azul, Mérida
MAPA C2 ■ Calle 60, nº 343 por 35 y 37 ■ (999) 925 5016 ■ www.casaazulhotel.com ■ $$$
Esta casa de época colonial, cuyo nombre alude a su intenso color azul, es una propiedad exclusiva decorada por completo con antigüedades de época. Los huéspedes pueden disfrutar de sus lujosas instalaciones y de la más absoluta privacidad. El personal es formal y cálido.

The Diplomat Boutique Hotel, Mérida
MAPA C2 ■ Calle 78, nº 493A por 59 y 59A ■ (999) 117 2972 ■ www.thediplomatmerida.com ■ $$$
Este hotel de diseño de época colonial, que está dirigido por canadienses, tiene cuatro espaciosas *suites*. Los azulejos originales y las antigüedades cuidadosamente elegidas, junto a la decoración, crean un ambiente de una época pasada. Personal de servicio informado y cálido.

Hacienda Puerta Campeche, Campeche
MAPA A5 ■ Calle 59, nº 71 ■ (981) 816 7508 ■ www.puertacampeche.com ■ $$$
Conjunto de casas del siglo XVII convertidas en el hotel más original de la zona. Las habitaciones y *suites* tienen televisión por satélite. También cuenta con un restaurante, un salón bar y piscina.

Hacienda San José Cholul, cerca de Mérida
MAPA C2 ■ 29 km E de Mérida ■ (999) 924 1333 ■ www.haciendasanjosecholul.com ■ $$$
Una de las numerosas haciendas aristocráticas del siglo XVII que se han convertido en hoteles. Sus habitaciones son espaciosas y tienen muebles coloniales. Posee un *spa* al aire libre y una piscina en sus exuberantes terrenos.

Hacienda Santa Rosa, cerca de Mérida
MAPA C2 ■ (999) 923 1923 ■ www.haciendasantarosa.com ■ $$$
Esta hacienda, que se encuentra en una zona desconocida para la mayoría de los visitantes al oeste de la carretera Mérida-Campeche, ofrece 11 hermosas habitaciones y *suites*. Las habitaciones con techos altos y de estilo colonial son espléndidas, y algunas tienen su propio jardincillo. El restaurante gourmet, el bar (situado en la vieja capilla de la propiedad) y la piscina están a la altura.

Hacienda Temozón, cerca de Uxmal
MAPA C4 ■ (999) 923 8089 ■ www.haciendatemozon.com ■ $$$
Esta hacienda, a 43 km al norte de la ruina, es el hotel más lujoso para quedarse cerca de Uxmal. La casa principal del siglo XVII, la terraza restaurante y la piscina son espectaculares.

Hacienda Uayamón, Campeche
MAPA A5 ■ (981) 813 0530 ■ www.haciendauayamon.com ■ $$$
Es la más aislada de las haciendas de Plan, y está situada en una antigua plantación de *henequén* (sisal para fabricar cuerdas). La restauración se ha hecho con mucho estilo, y la piscina, que se encuentra en un edificio en ruinas sin techo, es impresionante.

Hacienda Xcanatún, cerca de Mérida
MAPA C2 ■ Xcanatún, 12 km N de Mérida ■ (999) 930 2140 ■ www.xcanatun.com ■ $$$
Esta encantadora hacienda del siglo XVIII, a cinco minutos de Mérida, ofrece 18 *suites* con terraza y *jacuzzi*, y rodeadas de exuberantes jardines. Tiene una terraza bar, dos piscinas, *spa* y un estupendo restaurante, la Casa de piedra (ver p. 71).

Maroma Resort & Spa, Punta Maroma
MAPA R4 ■ (998) 872 8200
■ www.belmond.com/
maroma-resort-and-spa-
riviera-maya ■ $$$

Este opulento resort es frecuentado por famosos atraídos por sus 81 hectáreas de jungla exuberante y su playa privada. Las habitaciones son enormes. Cuenta con tres estupendas piscinas y varios bares y restaurantes. Están bien preparados para lunas de miel y adictos a los tratamientos de belleza.

Complejos hoteleros

Akumal Bay Beach & Wellness Resort, Akumal
MAPA P5 ■ (984) 875 7500
■ www.akumalbay resort.com ■ $$$

Este complejo hotelero de tamaño medio tiene una enorme piscina que serpentea junto a algunas habitaciones. Está a corta distancia por la playa del pueblo de Akumal, de modo que quienes consideren conveniente alojarse en un hotel con todo incluido, también pueden disfrutar de la vida local cuando lo deseen.

Barceló Maya Beach Resort, Puerto Aventuras
MAPA Q5 ■ (984) 875 1500
■ www.barcelo.com ■ $$$

Complejo gigantesco compuesto por cuatro hoteles: el Beach, el Colonial, el Tropical y el Caribe. Comparten más de 2 km de playa y ofrecen varias opciones de tarifas con todo incluido. Destaca su club nocturno bajo una enorme *palapa* y su lujoso bufé junto a la playa.

Club Med Cancún
MAPA K6 ■ Punta Nizuc, Bulevar Kukulcán, km 20
■ (998) 881 8200 ■
www.clubmed.com ■ $$$

Este espacioso complejo ofrece las típicas instalaciones de deporte de los Club Med, y resultan suficientes incluso cuando sus 456 habitaciones están ocupadas. También tiene otras entretenciones para jóvenes, incluyendo una discoteca tecno.

Grand Oasis, Cancún
MAPA K5 ■ Bulevar Kukulcán, km 16,5
■ (998) 881 7000 ■ www.oasishoteles.com ■ $$$

Con 1.326 habitaciones, este complejo vacacional está hecho a gran escala. Sus tres edificios principales tienen forma pirámide. Hay 16 restaurantes y bares, y el club nocturno Up & Down. Su piscina es una de las más grandes de Latinoamérica. El cuadro se completa con una amplia oferta de deportes acuáticos y fiestas temáticas.

Iberostar Cozumel
MAPA R6 ■ (987) 872 9900
■ www.iberostar.com ■ $$$

Ibersotar, con 300 habitaciones, está frente a una playa especialmente atractiva y bien situada para bucear con botella o tubo en el extremo oeste de la isla, cerca de Punta Francesa. Como el Tucán (ver p. 130) ofrece una amplia variedad de actividades.

Marina y Spa El Cid Riviera Maya, Puerto Morelos
MAPA R3 ■ Bulevar El Cid Unidad 15, Puerto Morelos
■ (998) 872 8999 ■
www.elcid.com ■ $$$

Este hotel, que se encuentra justo delante del océano, combina la arquitectura colonial con la moderna. Los huéspedes pueden bucear en el Parque Nacional de Arrecifes de Puerto Morelos que se encuentra frente al hotel.

Moon Palace Golf & Spa Resort, cerca de Cancún
MAPA R3 ■ (998) 881 6000
■ www.moonpalace cancun.com ■ $$$

El mayor de los complejos vacacionales con todo incluido que tiene 2.131 lujosas habitaciones de estilo casa de playa. Ofrece todas las actividades imaginables, 14 restaurantes y un campo de golf de 27 hoyos. Presenta habitualmente grandes espectáculos musicales y teatrales, incluido el Cirque du Soleil.

Reef Resort, Playacar
MAPA Q4 ■ Paseo Xaman-Ha, Playacar ■ (984) 873 4120 ■ www.thereef playacar.com ■ $$$

Económico comparado con la mayoría de los resorts con pensión completa. Las habitaciones y la comida son bastante sencillas, pero cuenta con una magnífica playa y una estupenda piscina. Su estilo sencillo y sus comidas incluidas le han hecho ganar numerosos adeptos.

Royal Hideaway, Playa del Carmen
MAPA Q4 ■ Lote 6, Playacar ■ (984) 873 4500
■ www.occidentalhotels.com ■ $$$

Este complejo con todo incluido solo para adultos destaca por la excelente comida de sus atractivos restaurantes de comida española, asiática e italiana. Las habitaciones tienen ventiladores en el techo, muebles de mimbre y porches de madera.

Dónde alojarse « 129

Secrets Capri Riviera Cancun, Playa del Carmen
MAPA Q4 ■ Carretera Federal 387, km 299 ■ (984) 873 4880 ■ www.secretsresorts.com/capri ■ $$$
A pocos minutos de Playa del Carmen, este complejo con todo incluido solo para adultos da la sensación de estar apartado gracias a sus 28 hectáreas de terrenos tropicales frente al mar. Cuenta con cinco excelentes restaurantes, un relajante *spa* y una bonita playa.

Cabañas

Cabañas Costa del Sol, Punta Allen
MAPA G5 ■ Carretera Tulum, km 57,5 ■ (984) 876 9395 ■ $
Cinco *bungalows* dentro de la reserva de la biosfera que son una base estupenda para explorar esta zona de la península de Yucatán.

Coco's Cabañas, Punta Bete
MAPA R4 ■ Xcalacoco, Lte 2 ■ (998) 874 7056 ■ www.cocoscabanas.com ■ $
En esta sencilla propiedad con cinco agradables *bungalows* tiene un servicio excepcional. Cuenta con un popular restaurante que recibe curiosos comentarios.

Cabañas Paamul, Playa del Carmen
MAPA Q4 ■ (984) 875 1053 ■ www.paamul.com ■ $$
Ofrece amplias habitaciones de playa en medio de un campamento; algunas construcciones son modernas, y otras son chozas con tejados de palma. Tiene un agradable bar restaurante (ver p. 98), y su tranquila playa es exquisita.

Genesis Retreat, Ek-Balam
MAPA F2 ■ Al salir de la esquina noreste de la plaza del pueblo ■ (985) 100 4805 ■ www.genesisretreat.com ■ $$
Genesis es un hermoso hotel ecológico que posee un exuberante jardín alrededor de una piscina con biofiltros. Ofrece excursiones para observar aves y para conocer a los vecinos mayas. La comida se hace con productos de una granja orgánica local.

Xamach Dos, Boca Paila
MAPA G4 ■ Carretera de la playa km 32 ■ (719) 602 9414 ■ www.xamachdos.com ■ $$
Esta rústica propiedad ecológica tiene solo seis casitas. Su localización frente al mar garantiza vistas increíbles. También tiene un hermoso restaurante al aire libre.

Cabañas María del Mar, Isla Mujeres
MAPA S1 ■ Avda. Carlos Lazo 1 ■ (998) 877 0179 ■ www.cabanasdelmar.com ■ $$$
Un pequeño oasis cómodo y relajado detrás la playa Norte, donde se encuentra el bar más popular de la playa, el Buho's. Dispone de un edificio principal con habitaciones o *bungalows* cabaña; aunque algunas son pequeñas, todas son bonitas. Su especialidad son los tratamientos de belleza y los masajes.

Eco-Paraíso Xixim, cerca de Celestún
MAPA A3 ■ (988) 916 2100, (55) 55 68 8246 ■ www.hotelxixim.com ■ $$$
Este retiro ecológico se encuentra entre bosques de cocoteros y una remota playa al norte de Celestún. Se recomienda acceder en todoterreno. Su especialidad son las excursiones guiadas de naturaleza y arqueología. Todas las cabañas tienen terrazas en la playa.

Mahekal Beach, Playa del Carmen
MAPA Q4 ■ Calle 38 Norte por 5ª Avenida ■ 877 235 4452 ■ www.mahekalbeachresort.com ■ $$$
Son lo último en cabañas de lujo: alojamiento en la playa con techumbres de palma con decoración mexicana y comodidades de cinco estrellas. Los áticos en especial son excelentes.

Papaya Playa, Tulum
MAPA G4 ■ Tulum Boca Paila, km 4,5 ■ (1) 984 182 7389 ■ www.papayaplaya.com ■ $$$
Este antiguo hotel de cabañas ofrece desde alojamientos básicos con suelo de arena y baño compartido a villas privadas lo suficientemente grandes como para una familia. La mayoría de las cabañas, que se extienden a lo largo de una playa tranquila, tiene vistas al mar Caribe.

Rancho Sak Ol, Puerto Morelos
MAPA R3 ■ (998) 871 0181 ■ www.ranchosakol.com ■ $$$
Estas cabañas están equipadas con las "camas colgantes" marca de la casa (camas atadas con cabos que se mecen) y tienen el típico aspecto playero. Incluye el uso de una cocina abierta y se ofrecen sesiones de yoga.

Precios ver p. 126

Hoteles de precio medio en la Riviera

Amaité Hotel & Spa, Isla Holbox
MAPA G1 ■ Avda. Benito Juárez playa s/n ■ (984) 875 2217 ■ www.amaite hotelholbox.com ■ $$
A dos manzanas de la calle principal, este hotel ofrece 15 cómodas habitaciones de estilo mexicano que son un verdadero placer: las de matrimonio y las de dos camas de arriba tienen balcones. También cuenta con un gran restaurante.

Casa Tucán, Playa del Carmen
MAPA Q4 ■ Calle 4, entre Avda. 10 y Avda. 15 ■ (984) 873 0283 ■ www.casa tucan.de ■ $$
Casa Tucán parece pequeña desde la calle, pero en su interior hay un laberinto de jardines y patios, y una escalera de caracol que da a una piscina con árboles de sombra.
Las 30 habitaciones son agradables y coloridas, y algunas son cabañas con tejado de palma; otras son estudios con un pequeño jardín. Los simpáticos propietarios alemanes ofrecen paquetes de buceo organizados por la escuela de buceadores de Yucatán (ver p. 123).

Hotel Flamingo, Cozumel
MAPA R5 ■ Calle 6 N, nº 81 ■ (987) 872 1264 ■ www. hotelflamingo. com ■ $$
El Flamingo comenzó como hotel para buceadores y todavía ofrece todo tipo de paquetes para practicar el buceo. Pero aunque no sea un loco por el buceo, es un lugar muy agradable con habitaciones muy cuidadas. También tiene un bar, y una terraza solárium en la azotea.

Ibis Cancún Centro, Cancún
MAPA K5 ■ Avda. Tulum s/n ■ (998) 272 8500 ■ www.ibis.com ■ $$
La sucursal de Cancún de esta cadena internacional no gana premios por su encanto, pero es una buena elección en medio de un mar de hoteles de precio medio. Las habitaciones con baño son limpias y cómodas, el personal eficiente y la localización del hotel en el centro es muy práctica para las conexiones de transporte (incluyendo el aeropuerto). Hay un pequeño supermercado a la entrada del hotel.

Mom's Hotel, Playa del Carmen
MAPA Q4 ■ 30 Avda., junto a calle 4 ■ (984) 873 0315 ■ www.momshotel.com ■ $$
Este hotel, que desde hace tiempo gestiona el tejano Ricco Merkle, como su nombre indica, pretende que los huéspedes se sientan como en su propia casa. Sus habitaciones se han quedado algo anticuadas pero son cómodas y bonitas. Tiene una pequeña piscina y un bar en la azotea estupendo para conocer gente.

Plaza Caribe, Cancún
MAPA J3 ■ Avda. Tulum 19, esquina de Avda. Uxmal ■ (998) 884 1377 ■ www. hotelplazacaribe.com ■ $$
Lo principal de este gran hotel es que se encuentra frente a la estación de autobuses de Cancún. A pesar del tráfico de esta ajetreada zona, su interior es sorprendentemente tranquilo. Tiene habitaciones bonitas y cómodas, hermosos jardines, una agradable piscina, un gimnasio y comedor.

Villa Kiin, Isla Mujeres
MAPA L1 ■ Calle Zazil-Ha, nº 129, Playa Norte ■ (998) 877 1024 ■ www.villakiin.com ■ $$
Cada habitación es diferente (algunas están en la playa, y otras son casitas de playa independientes), pero todas son muy cómodas y están decoradas con interesantes telas mexicanas. Villa Kiin se encuentra en un lugar fascinante frente a la laguna de Playa Secreto; hay tubos de buceo a disposición de los huéspedes.

Piedra Escondida, Tulum
MAPA P6 ■ Tulum Ruinas, carretera Boca Paila km 3,5 ■ (984) 100 1443 ■ www.piedraescondida. com ■ $$$
Sus ocho habitaciones, en cabañas de playa de dos pisos, tienen buenas duchas y vistas de ensueño. El restaurante sirve cocina italiana y mexicana.

Tankah Dive Inn, Tankah
MAPA P6 ■ Bahía Tankah nº 16, Tulum ■ (984) 100 1512 ■ www.tankah.com ■ $$$
Este tranquilo hotel de la Riviera dispone de pocas habitaciones pero todas cómodas y con personalidad. El buceo es un gran atractivo, pero también lo es simplemente sentarse en la playa para disfrutar de la buena cocina.

Villas de Rosa Beach Resort, Akumal
MAPA P5 ■ Carretera Puerto Aventuras-Akuma, km 115 ■ (984) 875 9020 ■ www.cenotes.com ■ $$$
Sus propietarios, Nancy y Tony de Rosa, son los más destacados especialistas en buceo en cuevas de la Riviera, y muchos de sus huéspedes vienen a

Dónde alojarse

bucear. El hotel también está bien equipado para familias.

Hoteles de precio medio en otros lugares

Casa Hamaca, Valladolid
MAPA E3 ■ Colonia San Juan, Calle 49, nº 202A en calle 40 ■ (985) 100 4272 ■ www.casahamaca.com ■ $$
Este gran hostal tiene un aire de campo gracias a su delicioso jardín bajo la sombra de los árboles. No solo ofrece camas cómodas, también tiene un servicio completo de *spa* y desayunos saludables.

Eclipse, Mérida
MAPA C2 ■ Calle 57, nº 491 ■ (999) 923 1600 ■ www.hoteleclipsemerida.com.mx ■ $$
A diferencia de la mayoría de los hoteles de la ciudad, el Eclipse es sorprendentemente moderno. Sus habitaciones son luminosas y aireadas, y todas tienen un mural temático (Andy Warhol, Las Vegas, Zen y cine, entre otros estilos). Cuenta con una pequeña piscina y está cerca de las principales atracciones de la ciudad.

Ecotel Quinta Regia, Valladolid
MAPA E3 ■ Calle 40, nº 160A, entre las calles 27 y 29 ■ (985) 856 3476 ■ www.ecotelquintaregia.com.mx ■ $$
Este hotel, construido en estilo neocolonial, combina el colorido estilo mexicano con instalaciones modernas. Las mejores habitaciones dan a sus exuberantes jardines. La piscina está apartada, y el restaurante utiliza productos de temporada de los huertos.

El Mesón del Marqués, Valladolid
MAPA E3 ■ Calle 39, nº 203, en Parque Principal ■ (985) 856 2073 ■ www.mesondelmarques.com ■ $$
Este hotel clásico de Valladolid ocupa una de las casas coloniales antiguas más bonitas, y sus habitaciones están distribuidas en torno a varios patios llenos de flores. Cuenta con un magnífico restaurante (ver p. 107) y una piscina.

Hacienda Uxmal, Uxmal
MAPA C4 ■ (997) 976 2040 ■ www.mayaland.com ■ $$
Esta hacienda forma parte de una pequeña cadena de hoteles situados en antiguos asentamientos mayas. Todos están construidos como si fueran antiguas haciendas mexicanas, tienen estupendas habitaciones y sus exuberantes jardines están bien cuidados. La filial de Uxmal ofrece una buena relación calidad precio.

Hotel Baluartes, Campeche
MAPA A5 ■ Avda. 16 de Septiembre 128 ■ (981) 816 3911 ■ www.baluartes.com.mx ■ $$
Campeche tiene una escasa oferta de hoteles. Este alto edificio de los años 70 frente al mar es más cómodo que la mayoría. Asegúrese de pedir una habitación con vistas al mar para contemplar las maravillosas puestas de sol del Golfo de México.

Hotel Dolores Alba, Chichén Itzá
MAPA E3 ■ Autopista 180, 3 km E de Chichén Itzá ■ (985) 858 1555 ■ www.doloresalba.com ■ $$
Es la mejor oferta de alojamiento para estar cerca de Chichén. Este hotel de carretera tiene 40 habitaciones luminosas y cómodas en *bungalows*, un restaurante y dos piscinas. En Mérida hay un hotel asociado que tiene el mismo nombre, no lo confunda al hacer la reserva.

Hotel Marionetas, Mérida
MAPA C2 ■ Calle 49, nº 516, entre las calles 62 y 64 ■ (999) 928 3377 ■ www.hotelmarionetas.com ■ $$
Se encuentra en un edificio colonial que fue un teatro de marionetas que ha sido reformado. Sus habitaciones están pintadas en tonos pastel y decoradas con cerámica rústica. Tiene una gran piscina y su atento personal sirve un delicioso desayuno.

Hotel San Felipe, San Felipe
MAPA E1 ■ Calle 9, entre las calles 14 y 16 ■ (986) 862 2027 ■ $$
Alojarse cerca de Río Lagartos solía ser un problema, por lo que se agradece la inauguración de este hotel. Su restaurante junto al agua sirve las capturas del día. Las espaciosas habitaciones incluyen una zona de estar. Pida una habitación con balcón con vistas al lago.

La Misión de Fray Diego, Mérida
MAPA C2 ■ Calle 61, nº 524, entre las calles 64 y 66 ■ (999) 924 1111 ■ www.lamisiondefraydiego.com ■ $$
Este gran monasterio del siglo XVII ha sido lujosamente rehabilitado combinando antigüedades con baños muy modernos, una piscina y otras instalaciones. Algunas habitaciones tienen el auténtico aspecto de una mansión española; y otras son menos atractivas, lo que se refleja en sus respectivos precios.

Precios ver p. 126

Pensiones y B&B

Amar Inn, Puerto Morelos
MAPA R3 ▪ Avda. Rojo Gómez ▪ (998) 871 0026 ▪ $$

Este B&B frente al mar tiene estupendas vistas y ofrece a sus huéspedes un encantador ambiente rústico. La decoración es muy tradicional y cada habitación ha sido pintada de diferente color. Se organizan excursiones guiadas a los lugares turísticos cercanos. Es perfecto para quienes busquen un lugar acogedor y hogareño típico de la región.

Amigo's Hostel, Cozumel
MAPA R5 ▪ Calle 7 Sur, nº 571, entre Avda. 30 y 25, Centro, Cozumel ▪ (987) 872 3868 ▪ www.cozumelhostel.com ▪ $$

Ofrece dos amplios dormitorios mixtos y una habitación privada con una pequeña cocina y terraza, alrededor de una piscina y un precioso jardín. Es un lugar especialmente adecuado para grupos familiares: Los desayunos están incluidos y se sirven en una *palapa* (cenador con techo de palma) en el jardín.

Casa del Maya B&B, Mérida
MAPA C2 ▪ Calle 66, nº 410-A, entre las calles 45 y 47 Centro ▪ (1) 999 181 1880 ▪ www.casadelmaya.com ▪ $$

Casa del siglo XIX de una antigua familia de Mérida, y ha sido muy bien restaurada, que ofrece seis fantásticas habitaciones de techos altos. Tiene un bonito jardín y una piscina, y los desayunos en la terraza incluyen rollos de canela caseros.

Casa Mexilio, Mérida
MAPA C2 ▪ Calle 68, nº 495, entre las calles 59 y 57 ▪ (999) 928 2505 ▪ www.casamexilio.com ▪ $$

Es un hostal muy especial que ocupa una bonita casa antigua. Los pasillos y sus ocho habitaciones están decorados con artesanía y antigüedades, incluyendo camas con dosel. Sus propietarios mexicano-estadounidenses han añadido muchos toques originales, incluyendo una piscina rodeada de helechos.

Flycatcher Inn, Santa Elena
Calle 20, salida autopista 261 ▪ (997) 978 5350 ▪ www.flycatcherinn.com ▪ $$

Hermoso y pequeño B&B decorado con muebles locales y tapices. Los propietarios están muy bien informados sobre los sitios arqueológicos cercanos.

Julamis, Mérida
MAPA C2 ▪ Calle 53, nº 475B ▪ (999) 924 1818 ▪ www.hoteljulamis.com ▪ $$

Premiada hostal solo para adultos situada en un magnífico edificio de época colonial muy bien restaurado por sus propietarios cubanos. Cada una de las nueve inmaculadas habitaciones ha sido decorada en un estilo diferente, y todas son elegantes y cómodas. Una sorpresa agradable son las mini neveras con cerveza, agua y refrescos gratis.

Luz en Yucatán, Mérida
MAPA C2 ▪ Calle 55, nº 499, entre las calles 58 y 60 ▪ (999) 924 0035 ▪ www.luzenyucatán.com ▪ $$

Esta casa, que fue parte de un convento, ahora es un curioso y encantador retiro urbano que tiene una fantástica piscina y apartamentos modernos a muy buen precio.

Macanché, Izamal
MAPA D2 ▪ Calle 22, nº 305, entre las calles 33 y 35 ▪ (988) 954 0287 ▪ www.macanche.com ▪ $$

Izamal es una ciudad muy tranquila, pero el jardín amurallado que alberga este B&B es especialmente relajante. Sus pequeños *bungalows* están en un jardín, y cada uno tiene una imaginativa decoración; hay uno que dispone de cocina.

Posada Sirena, Punta Allen
MAPA G5 ▪ Fax (984) 139 1241 ▪ www.casasirena.com ▪ $$

Punta Allen es el mejor destino para los amantes de la playa, y este hostal da en el clavo e invita a quedarse indefinidamente gracias a su propietaria Serena, todo un personaje. Sus cuatro *bungalows* cuentan con pequeñas cocinas y las imprescindibles hamacas. Ella también organiza salidas a bucear o a pescar.

Tamarindo, Cozumel
MAPA R5 ▪ Calle 4 Norte, nº 421, entre 20 y 25 ▪ (987) 872 3614 ▪ www.tamarindobedandbreakfast.com ▪ $$

Una elegante propiedad con un protegido jardín dirigida por sus propietarios mexicano-franceses. Cada una de sus cinco preciosas habitaciones tiene personalidad propia. Dispone de una cocina común y buenos desayunos. También dirigen el cercano Palapas Amaranto, que ofrece suites independientes ideales para familias o grupos de amigos.

Alojamiento económico

Albergue La Candelaria, Valladolid
MAPA E3 ■ Calle 35, nº 201F, entre las calles 42 y 44 ■ (985) 856 2267 ■ www.hostelvalladolid yucatan.com ■ $

Este albergue, que ocupa una casa antigua, ofrece excelentes habitaciones muy luminosas y baños compartidos. Desayuno generoso. También hay un salón y un jardín con hamacas para uso de los huéspedes.

Hostel Quetzal, Cancún
MAPA J3 ■ Orquídeas 10, Mz 14 ■ (998) 883 9821 ■ www.hostelquetzal.com ■ $

Este céntrico y popular albergue ofrece habitaciones privadas y dormitorios con aire acondicionado, algunos con cuarto de baño. El desayuno y la cena están incluidos, y por la noche se organizan fiestas.

Hotel Carmelina, Isla Mujeres
MAPA L1 ■ Isla Town, entre Avda. Abasolo y Avda. Guerrero ■ (998) 877 0006 ■ $

Este tranquilo y económico establecimiento lleva un montón de años recibiendo viajeros. Sus habitaciones, dispuestas alrededor de un patio, son sencillas y alegres. Todas tienen ducha, aire acondicionado, ventiladores en el techo y mini neveras.

Hotel Pepita, Cozumel
MAPA R5 ■ Avda. 15A Sur, nº 120 ■ (987) 872 0098 ■ www.hotelpepitacozumel.com ■ $

Sus amistosos y atentos propietarios marcan la diferencia de este popular gran hotel. Las habitaciones están cuidadas e incluyen aire acondicionado y pequeñas neveras. Se proporciona café gratis.

Nómadas Hostel, Mérida
MAPA C2 ■ Calle 62, nº 433, por calle 51 ■ (999) 924 5223 ■ www.nomadas travel.com ■ $

Nómadas, que compite con otros hoteles económicos de Mérida por su calidad, cuenta con dormitorios amplios y luminosos, y 20 habitaciones privadas dobles. También dispone de cocina común, salón y acceso a internet barato.

Tribu Hostel, Isla Holbox
MAPA G1 ■ Avda. Pedro Joaquin Coldwell s/n ■ (984) 875 2507 ■ www.tribuhostel.com ■ $

Tribu, uno de los mejores albergues de la región, tiene dormitorios bien cuidados y habitaciones privadas. También cuenta con un jardín con hamacas, terraza en la azotea, un animado bar y cocina para uso de sus huéspedes. Entre sus actividades destacan sus noches de película, las barbacoas y las clases de salsa, yoga y *kite-surf*.

Hotel Casa del Balam, Mérida
MAPA C2 ■ Calle 60, nº 468 ■ (999) 924 8844 ■ www.casadelbalam.com ■ $$

Casa del Balam, uno de los hoteles más antiguos de Mérida, conserva su encanto de otros tiempos, en parte gracias a su tranquilo patio. Las habitaciones son amplias, tienen aire acondicionado y una radiante decoración. El hotel, que se encuentra cerca de los principales lugares del centro, también cuenta con un buen restaurante. Los huéspedes disfrutan de un ambiente hogareño y un atento personal de servicio.

Hotel Rinconada del Convento, Izamal
MAPA D2 ■ Calle 33, nº 294 ■ (988) 954 0151 ■ www.cabanascopal.com ■ $$

Este céntrico hotel está a pocos pasos de las principales atracciones turísticas y restaurantes. Las habitaciones tienen decoración minimal y están amuebladas con lo básico. Es una buena base para quienes deseen salir y explorar. Los huéspedes se pueden relajar en el jardín o disfrutar de la piscina.

Popol Vuh, Playa del Carmen
MAPA Q4 ■ Calle 2, entre 5ª Avda. y la playa ■ No hay aire acondicionado en algunas habitaciones; sin baños privados ■ (984) 803 2149 ■ $$

Un notable superviviente de la época hippy, que se aferra a su magnífico emplazamiento a pie de playa ante los grandes desarrollos hoteleros. En sus dos jardines cerrados tiene cabañas sencillas (con o sin ducha), una habitación privada y un dormitorio compartido.

Posada Amor, Puerto Morelos
MAPA R3 ■ En la plaza ■ (998) 871 0033 ■ No hay aire acondicionado en algunas habitaciones ■ posada-amor.wix.com/puertom ■ $$

Posada Amor tiene las mejores habitaciones a precios económicos de Puerto Morelos, y un acogedor y popular restaurante. Las habitaciones tienen diversos tamaños y formas.

Precios ver p. 126

Índice general

A

A pie 119
Acamaya 82
Acanceh 47, 112
Adornos y pájaros policromados 75
Aduanas 120
Agua potable 120
Aké 45, 101
Akumal 50-51, 52, 61, 92, 95
　alojamiento 128, 130-131
　dónde comer 99
Alojamiento 125-133
　alojamiento económico 133
　cabañas 129
　complejos hoteleros 128-129
　hacienda y hoteles de moda 127-128
　hoteles de lujo 126-127
　hoteles de precio medio 130-131
　pensiones y B&Bs 132
Altar del Jaguar Rojo (Chichén Itzá) 30
Aperitivos 69, 73
Aperitivos y comida en la calle 69, 73
Aqua World (Cancún) 56
Árbol de Chechen 27
Arbusto de Chakah 27
Arco (Uxmal) 34
Arco de Labná (Labná) 37, 108, 109
Arrecife Manchones (Isla Mujeres) 21, 52
Arrecife Palancar (Cozumel) 15, 53
Arrecife Paraíso (Cozumel) 15, 52
Arrecifes de coral 52-53
　Cozumel 14, 15, 52, 53, 92-93
　Isla Mujeres 21, 52
　Xel-Ha (Tulum) 23
　Xpu-Ha 53, 93, 95
　ver también buceo
Arroz con pulpo 69
Artesanía
　compras por 84, 96, 105, 113
　Izamal 72
　joyería 20
　talleres de artesanía 75
Atracciones para niños 64-65
Avenida Tulum (Cancún) 12
Aviario (Xcaret) 18
Aviario Xaman-Ha (Playa del Carmen) 17

B

B&Bs 132
Baluarte de Santiago (Campeche) 39
Bancos 122
Bares
　descuentos 73
　ver también Locales de copas y espectáculos
Barracudas 53
Batey (Tulum) 66, 97
Bicicletas 63
Blue Parrot Beach Club (Playa del Carmen) 66, 85
Boca Paila (Sian Ka'an) 26, 63, 94
　alojamiento 129
Bocas de Dzilam 55
Bocas de Monstruos 36, 43, 44
Bordados 75, 84, 105, 113
Buceo 52-53, 62
　Akumal 51, 52, 92
　Cancún 53
　Cozumel 14, 52, 53, 92-93
　Cuevas 52, 58, 59, 94
　descuentos 73
　Isla Mujeres 21
　Playa del Carmen y Chunzubel 53
　Puerto Morelos 50, 52, 54
　río subterráneo para bucear (Xcaret) 19
　seguridad 121
　Tankah 52
　Tulum 23, 52
　Xcaret 18, 19
　Xel-Ha 57, 65, 92
　Xpu-Ha 53, 93

C

Cabañas 125, 129
Cafés *ver también* Locales de copas y espectáculos
Cajero automático 122
Calakmul 31, 38, 109
Calotmul 104
Camarón al mojo de ajo 69
Campeche 11, 38-39, 47, 109, 116-117
　alojamiento 127, 131
　compras 113
　dónde comer 7, 71, 114, 115
　iglesias 49
　itinerario 7
Cancún 10, 12-13, 79
　alojamiento 13, 126, 128, 130, 133
　arrecifes 53
　clubes nocturnos 13, 66-67, 85
　compras 12
　dónde comer 70, 87
　festival de Jazz 74
　festivales 74
　itinerario 6-7, 81
　locales de copas y espectáculos 86
　pesca 63
　playas 12, 50, 79, 83
Cancún y el norte 78-87
　compras 84
　de Cancún a Tulum 81
　dónde comer 87
　locales de copas y espectáculos 86
　mapa 78
　playas 83
Cancún y Yucatán gratis 72-73
　vida nocturna 85
Canibal Royal (Playa del Carmen) 16
Carlos'n Charlie's (Cozumel) 66, 97
Carnavales 73, 74
Carteristas 120
Casa Colorada (Chichén Itzá) 30
Casa de la Vieja (Uxmal) 35

Índice general « 135

Casa de las Tortugas (Uxmal) 35
Casa de Piedra (Xcanatún) 71, 115
Casa del Adivino (Uxmal) 34
Casa Seis (Campeche) 38
Castillo de Kukulcán (Chichén Itzá) 7, 8-9, 28-29, 30
Catedrales
  Campeche 38, 49
  Mérida 32, 49, 73
  Valladolid 46
Catherwood, Frederick 110
Celestún 51, 55, 61, 109
  alojamiento 129
  dónde comer 115
Cenas en cruceros (Cancún) 66
Cenote Aktun-Ha (Tulum) 22, 94
Cenote Ben-Ha (Sian Ka'an) 27
Cenote Dos Ojos (Tulum) 23, 56, 58, 94
Cenote Dzitnup 59, 101
Cenote Ik Kil 104
Cenote Sagrado (Chichén Itzá) 29, 58
Cenote Samula 58, 101
Cenote Xlacah (Dzibilchaltún) 59, 110
Cenote Yokdzonot 104
Cenotes 23, 58-59, 112
  Aktun-Ha (Tulum) 22, 94
  Ben-Ha (Sian Ka'an) 27
  Chichén Itzá 29
  Dos Ojos (Tulum) 23, 56, 58, 94
  Dzitnup 59, 101
  Gran Tulum (Tulum) 23, 59, 94
  Ik Kil 104
  Kantun-Chi 58, 82
  Sacred (Chichén Itzá) 29, 58
  Samula 58, 101
  Sian Ka'an 27
  Tulum 22, 23
  Xlacah (Dzibilchaltún) 59, 110
  Yokdzonot 104

Centro de Yucatán 100-107
  compras, mercados y excursiones 105
  dónde comer 107
  dos días en el centro de Yucatán 103
  locales de copas y espectáculos 106
  mapa 100-101
  recorridos 100-104
Cerámica 75
  compras 96, 113
Cerros de Puuc 37, 111
Ceviche 69
Ciudades coloniales 46-47
Civilización Maya 42, 44-45
  Acanceh 47, 112
  Aké 45, 101
  Calakmul 31, 38, 109
  Cobá 45, 92, 93
  Chichén Itzá 8-9, 11, 28-31, 44, 102
  dioses y espíritus 43
  Dzibilchaltún 44, 110
  Edzná 39, 45, 112
  Ek-Balam 44, 102, 103
  Gran Museo del Mundo Maya (Mérida) 32
  isla de Los Lagos (Sian Ka'an) 26
  Kabah 37, 44, 110
  Labná 37, 44, 109, 111
  las ciudades Puuc 37
  Mayapán 45, 112
  Museo Maya (Cancún) 6, 7, 12
  Oxkintok 45, 112
  Pueblo maya y juego de pelota (Xcaret) 19
  ruinas de El Meco (Cancún) 13, 45, 82
  ruinas de El Rey (Cancún) 13, 45, 81, 82
  ruinas de Muyil (Sian Ka'an) 26, 45, 94
  ruinas de Xel-Ha 94
  ruinas mayas de Xaman-Ha (Playa del Carmen) 17
  San Gervasio (Cozumel) 15, 45, 91, 93
  Sayil 37, 44, 110, 111
  Tulum 6-7, 10, 22-23, 45, 91

  Uxmal 11, 34-37, 45, 64, 109
  Xcambó 45, 104
  Xlapak 37, 45, 73, 111, 112
Clima 122-123
Cobá 45, 92, 93
Coco Bongo (Cancún) 67, 85
Cócteles 69
Cochinita pibil 68
Codz Poop (palacio de las Máscaras) (Kabah) 37, 44, 110
Columnas de los Guerreros (Chichén Itzá) 30
Comida y bebida
  aperitivos y comida 69
  dónde comer 124-125
  platos de Yucatán 68-69
  ver también Locales de copas y espectáculos; Restaurantes
Complejos hoteleros 125, 128
Compras 124
  Cancún y el norte 12, 84
  Centro de Yucatán 105
Compras 84, 96, 105
Compras y mercados
  Cancún 81, 84, 87
  Centro de Yucatán 105
  Izamal 105
  mercados (Chichén Itzá) 105
  Mérida 33, 113
  Oeste de Yucatán 113
  Oxkutzcab 73
  puestos de comida 73, 87
  Tizimín 105
  Valladolid 105
Conoco 95
Conquistadores 42
Consejos para ahorrar 73
Consejos para el viaje 120, 121
Cooperativa de mujeres joyeras (Isla Mujeres) 20
Corales 53
Cortés, Hernán 91
Cousteau, Jacques 14

Índice general

Cozumel 10, 14-15, 91
  Alojamiento 14, 128, 130, 132, 133
  arrecifes 14, 15, 52, 53, 92-93
  compras 96
  dónde comer 99
  festivales 74
  itinerario 7, 93
  locales de copas y espectáculos 98
  pesca 63
  playas 14, 15, 50, 95
  vida nocturna 66, 97
Cozumel y el sur 90-99
  dónde comer 99
  itinerario 91-94
  locales de copas y espectáculos 98
  mapa 90-91
  playas 95
  shopping 96
  un día en Cozumel 93
  vida nocturna 97
Crepas de chaya 69
Cristo de las Ampollas (Mérida) 75
Cuadrángulo de las Monjas (Uxmal) 35, 36, 109
Cuadrángulo de los Pájaros (Uxmal) 36
Cueva Calcehtok 59
Cueva de Aktun-Chen 94
Cueva de los Tiburones Dormidos (Isla Mujeres) 20
Cuevas 58-59
  Aktun-Chen 94
  Balankanché 58, 100
  Calcehtok 59
  Loltún 59, 111
  Los tiburones dormidos (Isla Mujeres) 20
  ver también Cenotes; buceo
Cuevas de Loltún 59, 111
Chac (dios de la lluvia) 43, 110
Chac Mool (Chichén Itzá) 30
Chak, Lord 35, 36
Chelem 112
Chen Río (Cozumel) 14, 93, 95, 99

Chicle 80
Chichén Itzá 8-9, 11, 28-31, 102
  alojamiento 103, 126, 131
  dónde comer 106
  itinerario 6, 7, 103
  mercado de artesanía 105
  sal de Chichén 103
  tallas, 30
Chichén Viejo (Chichén Itzá) 29

D

Dady'O (Cancún) 67
Deportes y actividades 62-63
Desplazarse en coche 73, 119
Día de los Muertos 75
Día de Todos los Santos 75
Diablito Cha Cha Cha (Playa del Carmen) 7, 67, 86
Diferencia horaria 122
Dios del Maíz 43
Dioses y espíritus de los antiguos Mayas 43
Dolphin Discovery 21, 57
Dónde alojarse 125, 132
Dónde comer 125
Dónde dormir 125
Dzibilchaltún 44, 59, 110

E

Edzná 39, 45, 112
Ek-Balam 44, 102, 103
  alojamiento 129
  dónde comer 107
El Bajo 104
El Castillo (Tulum) 23, 76-77
El Convento (Chichén Itzá) 28
El Cuyo 61, 63, 104
  dónde comer 106
El duende (Uxmal) 35
El Garrafón (Isla Mujeres) 21, 56
El Marlin Azul (Mérida) 6, 70, 115
El periodo post-clásico de la cultura maya 42
El señor de la Tierra 43
Electricidad 122
Enchiladas 69

Equinoccios 74
  Equinoccio (Chichén Itzá) 29
Espectáculo de luz y sonido
  Chichén Itzá 28
  Uxmal 35
Estaciones 73
Excursiones por la jungla 63

F

Fajitas 69
Farmacias 120
Fauna silvestre
  animales de arrecife 53
  aviario Xaman-Ha (Playa del Carmen) 17
  Dolphin Discovery 21, 57
  Isla Mujeres 20-21
  parque de cocodrilos, Crococún 64, 82
  piscina con delfines (Xcaret) 18
  Parque Punta Sur Eco Beach (Cozumel) 15
  reserva de la Biosfera Sian Ka'an 7, 11, 26-27, 54, 93
  reservas naturales 54-55
  Xcaret 18-19
Felipe II, Rey 38
Festivales 74-75
Fiesta de los Tres Reyes Magos (Tizimín) 74
Fiestas populares 75
Flamencos 55, 103, 105, 109
Franciscanos 48, 49
Fuerte San José (Campeche) 39
Fuerte San Miguel (Campeche) 38

G

Golf 62
Gran Cenote (Tulum) 23, 59, 94
Gran Museo del Mundo Maya (Mérida) 32
Gran Pirámide (Uxmal) 34
Guayaberas 75
Guerra de Castas 43, 104

Índice general « **137**

H

Hacienda Chichén (Chichén Itza) 103, 106, 126
Hacienda Yaxcopoíl 111, 112
Hamacas 75
Hartwood (Tulum) 70, 81, 99
Hernández de Córdoba, Francisco 42
Historia 42-43
Hoteles 125, 126-131
  cabaña 129
  complejos hoteleros 128-129
  haciendas y hoteles de moda 127-128
  hoteles de lujo 126-127
  hoteles de precio medio 130-131
Hoteles de lujo 126-127
Hoteles Hacienda 61, 125, 126, 127
Huracanes 121, 123

I

Iglesias 48-49
  Iglesia de Jesús (Mérida) 33, 49
  La Mejorada (Mérida) 48
  Las Monjas (Mérida) 49
  San Antonio de Padua (Izamal) 48
  San Bernardino Sisal (Valladolid) 48, 72, 103
  San Roque (Campeche) 49
  Tekax 49
  Ver también catedrales, monasterios y conventos
Independencia 43
Información práctica 123
Invernadero de orquídeas (Xcaret) 19
Isla Contoy 21, 54, 80, 103
Isla de los lagos (Sian Ka'an) 26
Isla Holbox 51, 61, 63, 79, 83
  alojamiento 130
  dónde comer 87

Isla Mujeres 7, 10, 20-21, 80
  alojamiento 126, 127, 129, 130, 133
  compras 84
  dónde comer 87
  locales de copas y espectáculos 86
  pesca 63
  playas 20, 50, 83
Itzamná 43
Ixchel 43
Izamal 7, 46, 48, 88-89, 103
  alojamiento 132, 133
  bares 106
  compras y mercados 105
  dónde comer 70, 107
  talleres de artesanía 72

J

Jícaras (cuencos) 75
Juego de la pelota 31
  campo de juego (Chichén Itzá) 28, 30-31
  Uxmal 35
  Xcaret 19

K

Kabah 37, 44, 110
Kantun-Chi 58, 82
Kayak 62
Kinich (Izamal) 70, 107
Ku'uk (Mérida) 71
Kukulcán 30, 43

L

La Caleta (Xcaret) 18
La Candelaria 74
La conquista española 42
La Chaya Maya (Mérida) 7, 71, 115
La Habichuela (Cancún) 6, 70, 87
La Parrilla (Cancún) 70, 87
La Picota (Uxmal) 36
La Pigua (Campeche) 7, 71, 115
La prosperidad del Henequén 43
La sal de Chichén 103
La Santanera (Playa del Carmen) 66

Labná 37, 44, 109, 111
Lafitte, Jean y Pierre 21
Lago Chunyaxché (Sian Ka'an) 26
Laguna azul (Xcaret) 18
Laguna Chankanaab (Cozumel) 14, 56, 65, 93
Laguna Nichupté (Cancún) 13
Laguna Yal-Ku (Akumal) 65, 92
Las Palmeras (Cozumel) 93, 98
Llegada
  cómo llegar y moverse 118-119
  seguridad 120-121
Llegada en autobús 73, 118-119
Llegada en avión 118-119
Llegada en coche 118
Llegada en ferri 118-119
Locales de copas y espectáculos
  Cancún y el norte 86
  Centro de Yucatán 106
  Cozumel y el sur 98
  Oeste de Yucatán 114
Los gemelos heroicos 43
Los Pelícanos (Puerto Morelos) 70, 81, 87
Los Tríos (troubadours) 33

M

MACAY (Museo de Arte Contemporáneo de Yucatán) (Mérida) 72
Madera tallada 75
Malaria 120
Malecón (Campeche) 38
Mamita's Beach Club (Playa del Carmen) 6, 16, 86
Mangroves 27, 54, 112
Maní 47, 48
  dónde comer 115
Mariposario (Xcaret) 18
Marismas de la bahía de la Ascensión (Sian Ka'an) 27
Mayapán 45, 112
Media Luna Bay (Akumal) 65, 90, 92, 95

Índice general

Mérida 11, 32-33, 47, 110-111
  alojamiento 126, 127, 131, 132, 133
  compras 113
  dónde comer 6, 70, 71, 115
  festivales 40-41, 75
  iglesias 48-49
  itinerarios 6, 7, 111
  locales de copas y espectáculos 114
  vida nocturna 67, 72
Mérida en domingo 40-41, 75
Mestizos 43
Monasterios y conventos
  Monasterio de Maní 48
  San Antonio (Izamal) 88-89, 103
Moneda y bancos 73, 122
Montejo, Francisco 33
Moon Palace Golf & Spa Resort 82, 128
Morgan, Henry 39
Mosquitos 120
Mujeres viajeras 120
Museos y galerías
  Gran Museo del Mundo Maya (Mérida) 32
  MACAY (Museo de Arte Contemporáneo de Yucatán) (Mérida) 72
  Museo Casa Montejo (Mérida) 32
  Museo de Antropología (Mérida) 33
  Museo de Cozumel (San Miguel) 14
  Museo Fuerte San José (Campeche) 39
  Museo Fuerte San Miguel (Campeche) 38
  Museo Maya (Cancún) 6, 7, 12, 81
  Museo Subacuático de Arte (Cancún) 6, 7, 12
  Palacio Centro Cultural (Campeche) 38, 72

N
Navegar 62
Notas de viaje 142-144

O
Observatorio (Chichén Itzá) 28
Ocio *ver* Locales de copas y espectáculos
Oeste de Yucatán 108-115
  compras 113
  dónde comer 115
  locales de copas y espectáculos 114
  mapa 108
  monumentos 109-112
  un día en los Cerros de Puuc 111
Olmecs 42
Oxkintok 45, 112
Oxkutzcab 47
  compras 73

P
Paamul 94, 95, 98
Pacheco, Fernando Castro 32
Palacio Centro Cultural (Campeche) 38, 72
Palacio del Gobernador (Mérida) 32
Palacio del Gobernador (Uxmal) 35, 36
Pancho's (Mérida) 67
Panuchos 69
Papadzules 69
Paracaidismo 63
Paraíso escondido (Tulum) 22
Paravelismo 63
Pargo 53
Parque de cocodrilos, Crococún 64, 82
Parque Escultórico Punta Sur (Isla Mujeres) 21
Parque Garrafón (Isla Mujeres) 21, 56
Parque Natural Tankah 22
Parque Santa Lucía (Mérida) 33
Parques ecológicos y temáticos 56-57
  Aktun-Chen 57
  Aqua World (Cancún) 56
  Cenote Dos Ojos (Tulum) 23, 56, 58
  Dolphin Discovery 21, 57
  Kantun-Chi 58
  Laguna Chankanaab (Cozumel) 14, 56, 65
  Parque Garrafón (Isla Mujeres) 21, 56
  Punta Sur Eco Beach (Cozumel) 15, 55, 93
  Wet'n Wild (Cancún) 13, 56, 64, 82
  Xcaret 17, 18-19, 57, 64, 81
  Xel-Ha (Tulum) 23, 45, 57, 65
  Xplor 56-57, 80-81
Pasaporte 120-121
Paseo de Montejo (Mérida) 33
Paseo por el mar (Xcaret) 18
"Pata Palo" 39
Patio de las Mil Columnas (Chichén Itzá) 29
Peces 53
Pepinos de mar 53
Pesca 62, 63
Petenes (Campeche) 54, 112
Pez ángel 53
Pez globo 53
Pez payaso 53
Pez sargento 53
Pirámides
  Acanceh 47
  Casa del Adivino (Uxmal) 34, 36, 45, 109
  Castillo de Kukulcán (Chichén Itzá) 7, 8-9, 28-29, 30, 44
  Gran Pirámide (Uxmal) 34, 36
  Nohoch Mul (Cobá) 45, 92
Piratas 21, 39
Piscina con delfines (Xcaret) 18
Piscina con tortugas (Xcaret) 18-19
Pisté 7, 29, 103
  dónde comer 107
  locales de copas y espectáculos 106
Plataforma de los Jaguares y las Águilas (Chichén Itzá) 24-25, 30
Platería 75
Platería y joyas 75
  compras y mercados 84, 96, 105

Playa Chunzubul (Playa del Carmen) 16, 53, 83
Playa de Carmen 10, 16-19, 80
  alojamiento 17, 128, 129, 130, 133
  arrecifes para bucear 53
  compras 84
  dónde comer 87
  locales de copas y espectáculos 86
  itinerario 6, 7, 81
  pesca 63
  playas 16, 50, 83
  vida nocturna 16, 66-67, 85
  Xcaret 6, 7, 17, 18-19
Playa de la ciudad (Playa del Carmen) 16
Playa Delfines (Cancún) 81, 83
Playa Gaviotas (Cancún) 83
Playa Mia (Cozumel) 14, 65
Playa Norte (Isla Mujeres) 20, 83
Playa San Francisco (Cozumel) 14, 93, 95
Playa Secreto (Isla Mujeres) 20, 83
Playa Sol (Cozumel) 95
Playacar (Playa del Carmen) 16, 82
  alojamiento 128
Playas 50-51
  Cancún y el norte 83
  Cozumel y el sur 95
  servicio de emergencias 121
Playas del norte (Tulum) 95
Playas del sur (Tulum) 95
Plaza Mayor (Mérida) 33
Poc-chuc 68
Policía 121
Pollo con mole 68
Pollo oriental de Valladolid 68
Prensa 122, 123
Progreso 111
  bares 114
Puchero 68
Puerta de Mar (Campeche) 38
Puerta de Tierra (Campeche) 38

Puerto Aventuras 51, 63, 91
  alojamiento 128
  bares 98
  compras 96
  dónde comer 99
  vida nocturna 97
Puerto Juárez 82
Puerto Morelos 54, 60, 63, 79, 81
  alojamiento 128, 129, 132, 133
  dónde comer 70, 87
  playas y arrecifes 50, 52, 83-84
Punta Allen (Sian Ka'an) 26, 60, 63, 94
  alojamiento 129, 132
Punta Bete 60, 73, 79, 83
Punta Laguna 54, 65, 94
Punta Maroma 82
  alojamiento 128
Punta Sam 82
Punta Santa Cecilia (Cozumel) 14, 93
Punta Solimán 95, 98
Punta Sur Eco Beach (Cozumel) 15, 55, 93
Punta Xamach 95

Q

Quesadillas 69
Quinta Avenida (Playa del Carmen) 16

R

Radio 122, 123
Rayas 53
Recorridos aéreos 63
Recorridos forestales (Xcaret) 19
Recorridos y excursiones 124, 125
  Centro de Yucatán 105
  descuentos de grupo 73
  ver también itinerario
Recorridos
  cuatro días en Cancún y Yucatán 6-7
  de Cancún a Tulum 81
  dos días en Cancún y Yucatán 6
  dos días en el centro de Yucatán 103
  un día en Cozumel 93
  un día en los Cerros de Puuc 111

Relleno negro 68
Reserva de la Biosfera, Sian Ka'an 7, 11, 26-27, 54, 93
Reservas naturales 54-55
Restaurantes 70-71, 124-125
  Cancún y el norte 87
  Centro de Yucatán 107
  Cozumel y el sur 99
  Oeste de Yucatán 115
Revolución mexicana 43
Río Lagartos 55, 60, 63, 102, 103
  dónde comer 106
  itinerario 105
Río Secreto 64
Río subterráneo para bucear (Xcaret) 19
Ruinas de Xel-Ha 94
Rutas menos frecuentadas 60-61

S

Sacbé (carretera maya) 44, 93
Salbutes 69
Salud 120
Salud 120, 121
San Felipe 60, 101, 105
  alojamiento 131
  dónde comer 107
San Gervasio (Cozumel) 15, 45, 91, 93
San Miguel (Cozumel) 14, 91
San Miguel Arcángel (Cozumel) 74
Sandalias 75
Santa Clara 104
Santa Elena,
  alojamiento 132
Sayil 37, 44, 110, 111
Seguridad personal 120, 121
Seguridad y salud 120, 121
Señor Frog's (Cancún) 66, 86
Serpiente 43
Servicio de emergencias 121
Servicio postal 122, 123
Sombrero Panama 75
Sopa de lima 69
Stephens, John Lloyd 110

T

Tacos 69
Tankah 22, 94
  alojamiento 130
Taxis 119
Taylor, Jason deCaires 12
Teabo 46
Telchac 103
Teléfono e Internet 122
Televisión 122-123
Templos
  Bocas de Monstruos 36, 43, 44
  Templo de las Siete Muñecas (Dzibilchaltún) 44, 74, 110
  Templo de los Guerreros (Chichén Itzá) 29
  Templo de los Jaguares (Chichén Itzá) 30
  Templo del Ciempiés (Uxmal) 34
Tenis 62
Textiles 84, 113
Tiburones 53
Ticul 47, 111, 112
Tihosuco 104
Tizimín 46, 74, 103, 104
  dónde comer 107
Tlaloc 43
Tortas 69
Tortuga cósmica 43
Tortugas 53
Tour operadores 124, 125
Tulum 10, 22-23, 61, 76-77, 91
  alojamiento 129, 130
  bares 98
  compras 96
  dónde comer 70, 99
  emplazamiento 20, 45, 76-77, 91
  itinerario 6, 7, 81
  playas y arrecifes 22, 51, 52, 95
  pueblo 20
  vida nocturna 66, 97
Tumba del Sumo Sacerdote (Chichén Itzá) 28
Turismo 43
Turistas con discapacidad 123
Tutul Xiu 47
Tzompantli (Chichén Itzá) 30

U

Uaymitún 55, 103
Uxmal 11, 34-37, 64, 109
  alojamiento 127, 131
  dónde comer 115
  itinerario 7, 111
  tallas 36

V

Valladolid 46, 48, 102, 103
  alojamiento 131, 133
  compras 105
  dónde comer 107
  locales de copas y espectáculos 106
  recorridos 105
Vida nocturna 66-67
  Cancún 13, 66-67, 85
  Cancún y el norte 85
  Cozumel y el sur 97
  Mérida 67, 72
  Playa del Carmen 17, 66-67, 85
  Xcaret 19
Villas 125
Visas 120-121

W

Wet'n Wild (Cancún) 13, 56, 64, 82
Windsurf 62

X

Xcambó 45, 104
Xcanatún 71
  alojamiento 127
  dónde comer 115
Xcaret 17, 18-19, 57, 64, 81
  itinerario 6-7
Xel-Ha (Tulum) 23, 45, 57, 65, 92
Xlapak 37, 45, 73, 111, 112
Xplor 56-57, 80-81
Xpu-Ha 53, 81, 93, 95

Y

Yaxcabá 104
Yucalpetén 112

Z

Zoo (Xcaret) 18

Agradecimientos

DK quiere dar las gracias a las siguientes personas, cuya contribución ha hecho posible la elaboración de esta guía.

Autor
Nick Rider es escritor de viajes independiente y editor establecido en Londres.

Otras colaboraciones
Shafik Meghji

Dirección editorial Georgina Dee
Edición Vivien Antwi
Dirección de arte Phil Ormerod
Equipo de edición Ankita Awasthi Tröger, Michelle Crane, Dipika Dasgupta, Rachel Fox, Fay Franklin, Freddie Marriage, Lucy Richards, Sally Schafer
Diseño Tessa Bindloss, Richard Czapnik, Bharti Karakoti, Rahul Kumar, Bhavika Mathur, Priyanka Thakur, Stuti Tiwari, Vinita Venugopal
Iconografía Susie Peachey, Ellen Root, Lucy Sienkowska, Oran Tarjan
Documentación fotográfica Demetrio Carrasco, Linda Whitwam
Cartografía Tom Coulson, Martin Darlison, Suresh Kumar, Casper Morris, Animesh Kumar Pathak
DTP Jason Little

Publicado originalmente en Blue Island Publishing, London.

Créditos fotográficos

Los editores quieren agradecer a las siguientes entidades su amabilidad al conceder su permiso para reproducir sus fotografías:

Leyenda: a-superior; b-abajo/inferior; c-centro; f-alejado; l-izquierda; r-derecha; t-arriba

123RF.com: Franck Camhi 107cra; macmonican 103clb; manganganath 82cl; Borna Mirahmadian 74b.

Alamy Stock Photo: age fotostock / Blaine Harrington 17tl, 57b, 62bl, / Cem Canbay 88-9, / Gonzalo Azumendi 7tr, / Jordi Camí 3tl, 76-7, / Leonardo Díaz Romero 102cb, all 51b; The Art Archive / Gianni Dagli Orti 36cl, 48ca; Danita Delimont / Julie Eggers 105tr, 111cla, 112tr; Reinhard Dirscherl 22bl; Michael Dwyer 43br; John Elk III 4crb; Robert Fried 27crb; Eddy Galeotti 109b; Nicholas Gill 70br; Granger Historical Picture Archive 31b, 42br, 43tl; 31b; Hugh Hargrave 4t; hemis.fr / Gil Giuglio 72tl, / Paule Seux 46b; Marshall Ikonography 36bc, 73tr, 100tl; imageBROKER / Vision 21 21cr; incamerastock 15tc; Brian Jannsen 22-3; Konstantin Kalishko 38-9; Larry Larsen 64cl; Melvyn Longhurst 33tr; Alain Machet (3) 10cr; Richard Maschmeyer 24-5; Michael DeFreitas Central America 65b, 91cr; John Mitchell 12cl, 32br; Mostardi Photography 37cr; Eric Nathan 15bl; NatureWorld 4cl; Brian Overcast 32ca, 61crb; George Oze 56r; Stefano Paterna 113c; Pictures Colour Library 11cra; Chuck Place 42cl; robertharding / Michael DeFreitas 90tl; Grant Rooney 84b; David Sanger Photography 1; Fedor Selivanov 4cla; Septemberlegs 110cla, 110br; Witold Skrypczak 72br, 101cb, 104b; David South 31cr, 33br, 49crb; Johnny Stockshooter 2tr, 40-1; Topcris 80tl; Ken Welsh 35tc; Andrew Woodley 98cla; Ariadne Van Zandbergen 11c.

Alux Restaurant & Lounge: 86cla.

Aqua World: 56cl.

Azul Gallery: 96tc.

Carlos'n Charlie's: 66b, 97tr.

Casa de Piedra: 115cr.

Casa Denis: 99clb.

Dady'O: Carlos Garcia Carrillo 67tr.

Dreamstime.com: Agcuesta 73br; Jean-luc Azou 37b, 38cl, 54c; Yulia Belousova 28cla; Florian Blümm 44-5; Flavia Campos 71tr; Salvador Ceja 4b, 29c; Rafał Cichawa 34-5; Sorin Colac 28-9; Maciej Czekajewski 54tl; Czuber 67b, 106clb; Eddygaleotti 3tr, 29tl, 38br, 46bl, 83t, 116-7; Eutoch 79t; Vlad Ghiea 6cl; Richard Gunion 69cla; Irishka777 10clb, 14-5, 16-7, 50cl; Javarman 12-3; Karlos4kintero 10bl; James Kelley 53br; Patryk Kosmider 16bl; Kravka 7br; Jesús Eloy Ramos Lara 11crb, 11bl, 48b; Lev Levin 23cr; Lucagal 101br; Lunamarina 20br, 20-1, 30tr, 50clb, 68tl; Danilo Mongiello 23tl; Thiago Henrique Neves 80-1; Olga Nosova 92tl; Piotr Pawinski 105c; Boris Philchev 102t; Seaphotoart 52tl, 92b; Siempreverde22 2tl, 8-9; Jo Ann Snover 108tl; Softlightaa 34bl; Jose I. Soto 17cr; stockcreations 69br; Jennifer Stone 75tr; Alyaksandr Stzhalkouski 13tl; Subbotina 20clb; Barna-Tanko 39cr, 112bl; Slobodan Tomic 35cr; Peter Zaharov 58cl; Suriel Ramirez Zaldivar 68crb.

Evolution Music Inc./Cancun Jazz Festival: 74cra.

Experiencias Xcaret: 18t, 18c, 19bl, 78tl, 81cla; Park / Erik Ruiz 19cr.

FLPA: Minden Pictures / Donald M. Jones 11tl, 27cra, / Pete Oxford 26bl.

142 » Agradecimientos

Getty Images: Tony Anderson 73cl; Witold Skrypczak 26-7, 47tl; Dallas Stribley 60b.
Conaculta-INAH-MEX: Authorized reproduction by the Instituto Nacional de Antropología e Historia 45cl.
La Chaya Maya: 71l.
La Parrilla: 87bl.
Grupo Mandala: Palazzo 85cla.
Moon Palace: 82br.
MUSA: Elier Amado Gil / The Stills LifeStyle Agency / Gino Caballero 4cr, 12br.
Photoshot: Mahaux Charles 109tr; Frank Fell 10cla; Wolfgang Kaehler 96bl; Victor Korchenko 63cl; World Pictures / Stuart Pearce 49tl.
Piedra de Agua Hotel Boutique: RolloDigital2014 114cra.
Robert Harding Picture Library: Michael DeFreitas 14cl, 55cr.
Señor Frog's: Stanly photo 66cl.
SuperStock: age fotostock 45tr, 63tr, / Blaine Harrington 6tr, 65cr, 94clb, / Cem Canbay 10crb, / Jan Wlodarczyk 30cl, / Jeff Greenberg 75cl, / Richard Maschmeyer 44cl, 101tl; Luis Javier Sandoval Alvarado 53cl; F1 ONLINE 59tr; Franz Marc Frei 55t; Hemis.fr 79cl; imageBROKER / Katja Kreder 95br; LOOK-foto 52b, 62t; Minden Pictures / Pete Oxford 4clb; Photononstop 59b; Travel Library Limited 51tr; Travel Pictures Ltd 60tl.

Cubierta:
Delantera y lomo: **AWL Images:** Matteo Colombo.
Trasera: **Dreamstime.com:** Sorincolac.

Mapa desplegable:
AWL Images: Matteo Colombo.

Resto de imágenes © Dorling Kindersley
Para más información visite:
www.dkimages.com

DK | Penguin Random House

De la edición española
Coordinación editorial Elsa Vicente y Cristina Gómez de las Cortinas
Asistencia de producción Eve Bidmead
Servicios editoriales Moonbook
Traducción DK

Impreso y encuadernado en China

Publicado originalmente en
Gran Bretaña en 2003
por Dorling Kindersley Limited
80 Strand, London WC2R ORL

Copyright 2003, 2017 © Dorling Kindersley Limited
Parte de Penguin Random House

Título original Eyewitness Travel
Top 10 Cancun & the Yucatan
Sexta edición, 2018

Todos los derechos reservados.
Queda prohibida, salvo excepción prevista en la ley, cualquier forma de reproducción, distribución, comunicación pública y transformación de esta obra sin contar con la autorización de los titulares de la propiedad intelectual.

ISBN 978-0-241-33803-2

MIXTO
Papel procedente de fuentes responsables
FSC FSC™ C018179
www.fsc.org

EDICIONES ESPECIALES DE GUÍAS DE VIAJE DK

Las guías de DK se pueden adquirir en grandes cantidades a precios reducidos para su uso en promociones. También se pueden encargar ediciones especiales y cubiertas personalizadas, impresiones corporativas y extractos de todos nuestros libros, adaptados específicamente a sus propias necesidades.

Para más información contáctenos en:
espanol@dk.com

Notas de viaje

Notas de viaje